Freising, den 11. 4. 2009

Basst scho!

♡ Für meinen liebsten Wilfried
zum Osterfeste
einen kleinen Lesenspaß,
in Liebe, Deine ... ♡

Ludwig Zehetner

Basst scho!

**Wörter und Wendungen
aus den Dialekten und der regionalen Hochsprache
in Altbayern**

Aus der Dialekt-Serie der »Mittelbayerischen Zeitung«
Mit Fotos von *Helmut Koch*
und einem Geleitwort von *Manfred Sauerer*

2009
edition vulpes

Bibliografische Information der Deutschen Bibliothek

Die Deutsche Bibliothek verzeichnet diese Publikation in der
Deutschen Nationalbibliografie; detaillierte bibliografische Daten
sind im Internet über http://dnb.ddb.de abrufbar

ISBN 978-3-939112-42-6

Umschlaggestaltung und Satz: Holger John, Regensburg
Umschlaggestaltung unter Verwendung von Fotos von Helmut Koch
Druck und Bindung: Friedrich Pustet KG, Regensburg

Inhalt

5

8

Geleitwort

Als ich 1964 am Ende meines ersten Schuljahres das Zeugnis erhielt, war ich eigentlich recht zufrieden. Nur die Note 2 in Deutsch ärgerte mich ein wenig, war sie mir von der sonst so netten Lehrerin doch unaufgefordert folgendermaßen erklärt worden: „Du sprichst noch zu sehr Dialekt."

Diese Begründung überraschte mich. Schreiben konnte ich nämlich astreines Hochdeutsch, und das so gut wie fehlerfrei. Auch meine Eltern – Mutter aus dem Altlandkreis Oberviechtach, Vater Regensburger – fanden die Begründung für den verwehrten Einser merkwürdig, obwohl sie sonst Entscheidungen von Lehrern im Gegensatz zu mir als gottgegeben hinnahmen. Zuhause wurde aber dennoch weiter Dialekt gesprochen.

Bayerntümelei ist mir Zeit meines Lebens fremd geblieben; auch mag ich es nicht, wenn das Bild Bayerns von außen mit Tracht, Bier und Knödeln gleichgesetzt wird. An der Daseinsberechtigung des Dialekts aber würde ich nie zweifeln. Um wie viel genauer kann man sich da ausdrücken! Für jede Nuance der Sprache gibt es das richtige Wort, während die Auswahl der Hochsprache doch allzu oft nur einen Kompromiss darstellt. Insofern ist es fast wie mit einer Fremdsprache: Man bleibt in der Kommunikation ständig unter seinen Möglichkeiten.

Natürlich ist Sprache und damit Dialekt einem ständigen Wandel ausgesetzt, in unserem Zeitalter mehr denn je. Dem gegenüber steht der Wunsch, Gewohntes zu bewahren; gerade dann, wenn man gute Erfahrungen damit gemacht hat. Der Dialekt ist wichtig für die Identität der Menschen, er ist ein Stück Heimat im besten Sinn.

Die Leser der Mittelbayerischen Zeitung sprechen in ihrer großen Mehrzahl Dialekt. Sie sind stolz auf ihre Sprache, auf ihre Heimat. Und es ist eine besondere Freude für sie, wenn sie wöchentlich von Prof. Dr. Ludwig Zehetner eine Erklärung dafür bekommen, welchen Ursprung die Worte und Ausdrücke haben, die sie tagtäglich benutzen.

Ich freue mich sehr, dass es zu dieser Zusammenarbeit mit Ludwig Zehetner kam und dass die Dialekt-Serie in unserer Zeitung von den Menschen so außerordentlich gut angenommen wird. Dafür möchte ich ihm noch einmal ausdrücklich danken. Ich weiß, wie viel Arbeit es ist, die Texte vorzubereiten und zu verfassen.

Dass es mit den – erweiterten – Beiträgen kaum ein Jahr nach Beginn der Zeitungsserie nun schon zu einer Buchveröffentlichung kommt, setzt dem Ganzen die Krone auf. Gut, dass es den Verleger Norbert Stellner gibt, der seinerseits ein Faible für das Bairische hat.

Es ist ein Buch, das großes Vergnügen bereitet. Genießen wir es!

Manfred Sauerer
Mittelbayerische Zeitung
Chefredakteur

Vorwort

Vom 6. Dezember 2007 an erschien wöchentlich in der »Mittelbayerischen Zeitung« (Regensburg) sowie in deren 13 Regionalausgaben (auch »Bayerwald-Echo«, »Kötzinger Umschau«, »Neumarkter Tagblatt«, »Wörther Anzeiger«) ein Beitrag zum Bairischen.

Die Resonanz der Leserschaft auf die Dialekt-Serie unter der Rubrik »Mitten in Bayern« auf der letzten Seite des Mantelteils war ungemein groß. In Dutzenden von Telefonanrufen, Briefen, E-Mail-Nachrichten und in persönlichen Gesprächen wurde Lob ausgesprochen und der Wunsch geäußert, die Serie solle doch fortgesetzt werden. Darüber hinaus gingen zahlreiche Anregungen für neue Stichwörter ein sowie eine Fülle von wertvollen Ergänzungs- und Änderungsvorschlägen. Viele davon sind in dieses Buch eingearbeitet. Daher sind die hier vorliegenden Beiträge meist umfangreicher als die verkürzten Fassungen, die in der Zeitung abgedruckt waren (für die ein Limit von 4000 Anschlägen vorgegeben war).

Die Anordnung der insgesamt 45 Kapitel richtet sich nach der Reihenfolge, in welcher sie in der Zeitung veröffentlicht wurden; dadurch bleiben gewisse jahreszeitliche Bezüge erkennbar (Weihnachten, Frostwetter, Fronleichnam, Sommergewitter, Kirchweih usw.). Abweichend davon sind nur die beiden Einleitungskapitel E·1 und E·2 den anderen Beiträgen vorangestellt, obwohl sie erst im September 2008 (nach Nr. 37) in der Zeitung erschienen sind. Mit Bedacht ist keine Systematisierung vorgenommen worden. Freilich wäre es denkbar gewesen, die Ausführung zum Wortschatz (Lexik) in einer Gruppe zu vereinen, ebenso diejenigen zur Formenlehre (Morphologie) und solche, die sich vornehmlich mit der Lautung (Phonetik) befassen. Meine Absicht war es, eine Art Lesebuch zum Bairischen entstehen zu lassen, das man in die Hand nimmt und einfach darin schmökert. Die meisten besprochenen Wörter und Formen sind den Leserinnen und Lesern (zumindest der älteren und mittleren Generation) wahrscheinlich ohnehin geläufig, und sei es in Rückbesinnung auf die eigene Kindheit und Jugend. Nur an einigen Stellen kann wirklich Neues aufgetischt werden (so etwa die Ansätze zu einer Etymologie von *Gloifel, Kruzitürken, Notscherl, Paroler*). Das ausführliche Register im Anhang erschließt die Texte und ermöglicht das Auffinden der behandelten Wörter und Wendungen, ebenso der Streiflichter zur bairischen Grammatik (Laut- und Formenlehre).

Im Hinblick auf das Verbreitungsgebiet der »Mittelbayerischen Zeitung« sind sowohl die mittelbairischen als auch die nordbairischen Dialekte berücksichtigt, die in der südlichen Oberpfalz und im nordöstlichen Niederbayern gesprochen werden. (Eine knappe Klärung der dialekt-geographischen Gliederung Altbayerns findet sich in den Kapiteln E·1 und E·2.) Zugestanden sei, dass das sprachliche Material hie und da eine gewisse „Südlastigkeit"aufweist, was in der Biografie des Verfassers begründet ist, der im oberbayerischen Freising aufgewachsen ist und seine Dissertation über die Mundart der Hallertau geschrieben hat. Dennoch darf das vorliegende Buch als Gegenstück und Ergänzung zu Johann Höfers »Bairisch gredt« (siehe Literatur) gelten, das ausschließlich die mittelbairischen Mundarten im bayerischen Oberland zwischen München und den Alpen berücksichtigt.

∗ ∗ ∗

Jahrzehntelang wurde der Dialekt verachtet, galt als heruntergekommene, verderbte Form der Sprache. Auf allen Stufen der Erziehung war mundartlicher Klang und Wortschatz verpönt und sollte den Kindern ausgetrieben werden. Eifrig hat man darüber diskutiert, inwieweit der Dialekt eine „Sprachbarriere" darstelle, die deren Sprecher am schulischen, beruflichen und wirtschaftlichen Erfolg behindert und weshalb es geraten sei, die Mundarten zu unterdrücken, um sie baldmöglichst verschwinden zu lassen. Jetzt erleben wir eine erstaunliche Kehrtwendung. In den letzten paar Jahren veröffentlichten namhafte Zeitungen Artikel unter Überschriften wie: „Dialekt macht schlau" – „Dialekt schafft Lernvorsprung" – „Mehr Sprachkompetenz bei Mundartlern" – „Bairisch, gut auch fürs Hirn". 2006 verkündete der bayerische Kultusminister Siegfried Schneider seine Erkenntnis: „Die Mundart ist kein Manko, sie ist eine Bereicherung". Solche Behauptungen sind freilich nur richtig unter der Voraussetzung, dass sowohl Dialekt als auch Standardsprache verfügbar sind. Nach Erkenntnissen der Hirnforschung bewirkt nämlich ein ständiges Hin- und Herwechseln zwischen zwei Sprachebenen (code switching) eine Aktivierung bestimmter Synapsen und fördert die Intelligenz. Um den Kindern die Chance einer „inneren Mehrsprachigkeit" zu bieten, sollten Eltern und Erzieher den Dialekt mit Selbstverständlichkeit gebrauchen, damit auch in Zukunft beide Sprachebenen verfügbar bleiben. In diesem Sinne erscheint es sogar empfehlenswert, absichtlich auch solche Varianten zu pflegen, die deutlich vom Standard abweichen, also mit gesundem Selbstbewusstsein festzuhalten an überlieferten Lautungen, Formen und Ausdrücken, von denen in diesem Buch eine Auswahl vorgestellt wird. Zum Wohle der Kinder – nicht um irgendwelcher nostalgischen Heimattümelei willen – lohnt es sich, den Dialekt zu bewahren und um dessen besondere Qualitäten zu wissen.

∗ ∗ ∗

„Noch ist Bairisch nicht verloren" lautete 2006 eine Zeitungsüberschrift. Wie sehr in ganz Bayern die breite Öffentlichkeit an den Mundarten interessiert ist – auch wenn deren aktiver Gebrauch im Alltag deutlich zurückgeht –, zeigte der im Herbst 2004 vom Bayerischen Rundfunk und dem Bayerischen Landesverband für Heimatpflege veranstaltete Wettbewerb „Mein liebstes bayerisches Wort", zu dem mehr als 10.000 Meldungen eingingen. Zu denken geben allerdings viele der beigegebenen Erläuterungen. Vielfach haben die Einsender die ihnen vertrauten Ausdrücke gnadenlos ins Norddeutsche „übersetzt"– in der irrigen Meinung, dieses sei das bessere Deutsch. Da finden sich Wortgleichungen wie die folgenden: *Dotsch, Reiberdatschi* = 'Reibekuchen', *Radltragen, Radltruchen, Rawérn* = 'Schubkarre', *Rotzlöffel, Rotzbippen* = 'frecher Junge, freche Göre', *Scherzl* = 'Kanten', *Loawedoag* = 'Brötchenteig', *dantschig* = 'knuddelig, putzig', *pfundig* = 'toll', *Ratschkathl* = 'Quasselstrippe', *Britschn, Britschhaferl, Verklaghaferl* = 'Petze', *Pfiat di* = 'Tschüß' und dergleichen mehr. Angaben dieser Art offenbaren in beschämender Weise, wie schwach ausgeprägt das Selbstbewusstsein bei den Bayern ist, wenn sie einheimische Bezeichnungen selbstverständlich solchen aus dem „anderen Deutsch" unterordnen. Aufschlussreich sind auch Erläuterungen wie diese: „*Droad*, ein auf dem Land noch gebräuchlicher anderer

13

Ausdruck für *Getreide*". Es verrät mangelndes Sprachwissen, wenn jemand nicht durchschaut, dass bair. *Droad* nichts anderes ist als die lautgesetzliche mundartliche Entsprechung für *Getreide*.

Erklärtes Ziel der Dialekt-Serie in der »Mittelbayerischen Zeitung« und dieses Buches ist es, Kenntnisse zu vermitteln, Wissen zu verbreiten über die heimatliche Mundart, die wir schätzen und lieben. Was man liebt, das muss man auch kennen. Um die Bewusstmachung dessen geht es, was das Bairische auszeichnet, und darum, die Einsicht zu vermitteln, dass Bairisch ein eigenständiges und von der Standardsprache weitgehend unabhängiges Sprachsystem darstellt. Es ist eine unleugbare Tatsache, dass die Mundartkompetenz in der jungen Generation auf einen kläglichen Rest zusammengeschrumpft ist, und zwar nicht etwa deshalb, weil sich die überregionale Hoch- und Schriftsprache in höherem Maße durchsetzen würde. Nein, ein modisches „Neusprech" ist es, das die bodenständige Muttersprache unterwandert, überwuchert und erstickt. Das „andere Deutsch" breitet sich in beängstigendem Umfang aus. Mit *Tschüss, kucken, lecker, kross, proppenvoll, Brötchen, hier geht's lang, etwas außen vor lassen, nee, nich* sei dies nur angedeutet. Viele Einheimische sind der irrigen Meinung, Wörter wie *Semmel, Knödel, Stadel, Schupfe(n), Hafner, Spengler, Weiher, das Eck* und dergleichen seien mundartlich. Sie glauben, der entstehende bundesweite Einheitsslang sei besser als das „bairische Deutsch" und sagen lieber *Kuck mal* als *Da schau her*. In immer bedenklicherem Maße greift das „Tschüssler-Deutsch" um sich, das „Sprachbiotop Altbayern" droht auszutrocknen und zu veröden. Ist die Hoffnung vermessen, der Versuch einer Bestandssicherung, wie er mit diesem Buch unternommen wird, könne da steuernd eingreifen? Vielleicht gelingt es ja doch, manche Wörter und Wendungen, gewisse Lautungen und grammatische Eigenheiten vor dem Verschwinden zu bewahren. Die Mundarten verdienen Schutz und Pflege als Kulturgut, als unverzichtbarer Wert der Heimat.

* * *

Großen **Dank** schulde ich allen, die Anteil haben an der Entstehung dieses Buches. An erster Stelle möchte ich den MZ-Chefredakteur, Herrn *Manfred Sauerer*, erwähnen, der die Dialekt-Serie angeregt und zur Buchausgabe nun ein Geleitwort beigetragen hat. Für die redaktionelle Betreuung und die Erstellung des Layouts der seit dem 6. Dezember 2007 veröffentlichten einzelnen Teile der Serie danke ich Herrn *Fritz Winter*, Frau *Christine Schröpf* und Frau *Isolde Stöcker-Gietl*, die auf meine Wünsche nach Möglichkeit eingingen. Danke schulde ich auch allen Leserinnen und Lesern, die sich mit mir in Verbindung gesetzt, meine Ausführungen kritisch begleitet sowie Anregungen und Ergänzungen beigetragen haben, ganz besonders aber denjenigen, die auf eine Buchausgabe drängten.

Ohne meinen Verleger, Herrn *Dr. Norbert Stellner*, wäre diese nicht so rasch zu verwirklichen gewesen. Für seine energische freundschaftliche Begleitung danke ich ihm sehr, ebenso dem Verlag der »Mittelbayerischen Zeitung« für die reibungslose Überlassung der Rechte an den Texten. Nicht vergessen sei auch Herr *Holger John* für seinen Tag-und-Nacht-Einsatz beim Erstellen des Seiten-Layouts.

Eine Besonderheit dieses Buches ist zweifellos seine Bebilderung. Damit unterscheidet sich »Basst scho!« entschieden von den üblichen Bavarica, deren Illustrationen meist lustige Zeichnungen sind, die das Bayern-Klischee unterstreichen (Alpenkulisse, Kühe auf der Alm, Dirndl, Lederhose etc.). In bewusstem Kontrast dazu setzen die minimalistischen Fotos von Herrn *Helmut Koch* einen betont realistisch-sachlichen Akzent. Ich danke dem versierten Fotografen dafür, dass er keine Mühe gescheut hat, meine Vorstellungen von einer Bebilderung zu verwirklichen.

$$* * *$$

Noch eine Bemerkung dazu, wie es zu dem **Titel** »Basst scho!« gekommen ist. Die Floskel ist in Kapitel 10 zwar erwähnt in einer Reihe ähnlicher Redewendungen, doch keineswegs in besonderer Ausführlichkeit behandelt. Ausschlaggebend war ein unter dieser Überschrift am 10. Mai 2008 erschienener Artikel von Christian Muggenthaler (siehe Literatur). „Basst scho", heißt es darin, sei „einer der Kernsätze bairischer Diplomatie"; es gebe an die 500 anzunehmende Lebenslagen, in denen damit das Ende eines unnötigen Gesprächs herbeigeführt wird. Und weiter:

> „Angewandte Diplomatie bedeutet: wichtige Inhalte in möglichst nichtssagende Floskeln zu gießen. [...] Die Zunge ist des Bayern Eisbergspitze. Mit 'Basst scho' wiegelt man Situationen ab, die sonst möglicherweise zu ungewollten Eskalationen führen würden. [...] Man entpappt sich verkleisternde Peinlichkeitszustände. Man bremst unverlangte Wichtigkeiten und Wichtigtuer aus. [...] Bairisch versteht nur, wer Ungesagtes mitdenkt. [...] Eine verkürzte Sprache bedeutet keineswegs einen verringerten Verstand."

Ich hoffe, dieses Buch findet die gleiche positive Aufnahme wie die einzelnen Beiträge in der »Mittelbayerischen Zeitung«. „Basst scho!"

Lappersdorf, im Oktober 2008   Ludwig Zehetner

An Buam ham's und a Deandl bzw. an Boum und a Moidl.

Merkmale und Dialektgeographie des Bairischen – Teil 1

Bayerisch oder **bairisch**? Die unterschiedlichen Schreibformen bedürfen einer Klärung. *Bayerisch* bezieht sich auf den Freistaat *Bayern* als politisch-administratives Gebilde. Verbindlich mit *y* geschrieben wird der Name des Landes seit 1825, als König Ludwig I. in seiner Begeisterung für alles Griechische es so verfügte; vorher bestand die Freiheit, entweder „Baiern, Bairn" oder „Bayern" zu schreiben. In Sprachwissenschaft und Volkskunde wird die Schreibform *bairisch* verwendet, wenn es um den ostoberdeutschen Raum geht, also um Altbayern und Österreich. Es ist durchaus korrekt zu behaupten, dass man in Wien „bairisch" spricht. Mit Ausnahme Vorarlbergs gehört nämlich ganz Österreich zum bairischen Sprachgebiet, ebenso Südtirol. In Bayern gibt es neben den bairischen die ostfränkischen und schwäbischen Mundarten. „Bayerische Dialekte" schließt alle drei ein. Insofern ist es verfehlt, wenn der Duden das Kürzel „bayr." verwendet, damit aber „bairisch" meint.

So unterschiedlich die regionalen Mundarten auch klingen mögen um Cham, Weiden, Tirschenreuth, Arzberg, Landshut, Berchtesgaden, Mittenwald, Rosenheim oder Regensburg, durch fundamentale Gemeinsamkeiten weisen sie sich als *Bairisch* aus. Dieses darf als **eigenständiges Sprachsystem** gelten und ist basisdialektal (d. h. in der originalen ländlichen Ausprägung) weitgehend **unabhängig von der Hoch- und Standardsprache**.

Das Bairische gliedert sich in drei deutlich unterscheidbare dialektgeographische Varianten, die sich selbstverständlich nicht mit den Grenzen der Regierungsbezirke decken. Die in Ober- und Niederbayern heimischen Mundarten nennt man **mittelbairisch**, die nördlich angrenzenden Dialekte der Oberpfalz **nordbairisch**. (Aus sachlichen Gründen ist diese Bezeichnung zu bevorzugen; denn auch außerhalb der Oberpfalz wird nordbairisch gesprochen, nämlich in Teilen Oberfrankens und im südlichen Vogtland;

auch das historische Egerland ist mit einzubeziehen.) Die im Alpenraum verbreitete Variante heißt **Südbairisch**; in Bayern trifft das zu für das Werdenfelser Land; gewisse Merkmale des Südbairischen finden sich auch im Lechrain westlich des Ammersees.

Der Satz „Das kleine Mädchen hat viel Milch getrunken, jetzt ist sie/es müde und muss schlafen" lautet im Mittelbairischen: *'s gloane Deandl hod vui Muich (väi Mäich) drunga, iatz is's miad und muaß schlaffa*, im südlichen Oberbayern: *'s gloane Dirnei hod vil Mil drunga ...*, und nordbairisch: *'s gloine Moidl hod vüll Mülch drunga, äitz is's mäid und mou schlouffm.*

Die **Umlautentrundung** gilt nicht nur im Bairischen, sondern auch in anderen ober- und mitteldeutschen Mundarten, in denen *ö* zu *e, ä, äi* wird, *ü* zu *i*, und *eu, äu* zu *ei* [ài]: *Räsal/Räisal, bäs/bäis, iwa, Sintn, daia, Haisl* ‚Röslein, böse, über, Sünden, teuer, Häuslein'. Im Liedtext „A Hirtermadl mog i net" wird der Zwielaut *ia* als „ir" geschrieben, obwohl *Hüter*, mittelbair. *Hiatta* (< mhd. *hüeter*) vorliegt, nicht etwa *Hirte*. In Wörtern, die aus der Standardsprache entlehnt sind, bleibt die Rundung erhalten; auch in mundartnaher Umgangssprache verwendet man *Schüler, Mülltonne, Gülle* (als Ersatz für die früher gebrauchten Ausdrücke *Schulbub, -deandl, -kinder, Aschentonne, Odel*); selten geworden ist die Lautung *Briaffung*, dafür heute meist *Prüfung* in hochsprachlicher Lautung. Es völlig unsinnig zu behaupten, die Bayern könnten kein „ü" aussprechen, bloß weil viele sich gegen die Verabschiedung mit *Tschüss, Tschüüß* sperren. Gerundete Vokale treten auch in den Dialekten auf. Gerade im Nordbairischen sind sie gang und gäbe (vor einem *l: göll, des gült* ‚gell, das gilt'), auch in der „Neuen Welt" im nördlichen Landkreis Passau treten sie auf (*Gööd* ‚Geld'), von den Mundarten Ober- und Niederösterreichs ganz zu schweigen (*vüü zvüü Gfüü* ‚viel zu viel Gefühl'). Erstaunlich ist, dass die Währungsbezeichnung *Euro* nicht der Entrundung unterliegt; auch mundartfeste Sprecher sagen [òiro], nicht etwa [airo]. Der Grund mag darin liegen, dass der Zwielaut [òi] in den Dialekten vorhanden ist: mittelbair. *kòid, Hòis* (‚kalt, Hals'), nordbair. *hòissn, Zòigl* (‚heißen, Zeiger'; zu *Zoigl-Bier* siehe in Kapitel 43).

Neben dem markanten Unterschied zwischen dunklen und hellen *a*-Lauten (siehe dazu Kapitel 36) sind fürs Bairische charakteristisch die zahlreichen

Diphthonge (Zwielaute). Die alten Zwielaute *ië, üe, uo* sind in den oberdeutschen Mundarten nicht zu einfachen Langvokalen geworden wie in der Hochsprache, wo sich mhd. *briëf, müede, kuo, bluot* im Zuge der neuhochdeutschen Monophthongierung zu *Brief* [iː], *müde, Kuh, Blut* entwickelt haben. Mittelbair. *ia, ua* entsprechen weitgehend dem historischen Lautstand: *Briaf, miad, Kuah, Bluad.* Im Nordbairischen hingegen scheinen die Elemente in umgekehrter Reihenfolge aufzutreten, weshalb man *äi, ou* (< mhd. *ië, üe, uo*) als „gestürzte Diphthonge" bezeichnet: *Bräif, mäid, Kouh, Bloud.* Ferner verzwielautet das Nordbairische sämtliche alten Langvokale: *doud, schlouffm, Strouss, loua, Schnäi, bäis* (mhd. *tôt, slâfen, strâze, lân, snê, bœse* 'tot, schlafen, Straße, lassen, Schnee, bös'), im nördlichen Nordbairischen sogar ehemalige Kurzvokale (sekundär gelängt): *Iasl, Kian, Buan, Uafm, Iafal* ('Esel, Kette, Boden, Ofen, Öflein'), gebietsweise auch monophthongisch mit Hebung von *e* zu *i* und von *o* zu *u*: *Iisl, Kiin, Buun, Uufm, Iifal.* Die gestürzten Zwielaute und die aus der Diphthongierung von Langvokalen entstandenen unterscheiden sich im Öffnungsgrad; die nordbairische Lautung von 'wie, tun' deckt sich nicht mit derjenigen von 'weh, da'. Der Einfachheit halber werden sie in diesem Buch undifferenziert verschriftet als *wäi, dou.*

Dadurch, dass *r* und *l* (nach Vokal) in vielen bairischen Mundarten ihre konsonantische Qualität verlieren und zu Vokalen werden, vermehrt sich die Zahl der Zwielaute erheblich: *woam, woan, Wiat, duach* 'warm, (ge)worden, Wirt, durch'; im Mittelbairischen zusätzlich: *koid, hoitn, Woid, oïd, Gäid/Göid, dafàin, vuï/väi, Hoiz, Schuidn* 'kalt, halten, Wald, alt, Geld, verfaulen (der-), viel, Holz, Schulden'. Die **l-Vokalisierung** wird von Außenstehenden für ein Kennzeichen des Bairischen schlechthin gehalten. So kommt es, dass der völlig sinnlose Ausdruck „an o-gfiesldn Oachkàtzlschwoaf mit Vitroi-Äi ei-äin" ('einen abgenagten Eichhörnchenschweif mit Vitriolöl einölen') in den Rang eines Schibboleths aufgestiegen ist, ähnlich wie das Wort *Loawedoag* ('Teig zum Backen von Laiblein'). Der Verlust der konsonantischen Qualität von postvokalischem *l* gilt ausschließlich im mittelbairischen Raum, nicht jedoch im Nord- und Südbairischen. Eines der entscheidenden nordbairischen Merkmale ist gerade die Erhaltung des konsonantischen *l* (in *ü*-haltiger Qualität, verbunden mit einer Rundung des

Vokals davor): *vüll, Mülch, hölffm, Huulz, Kàlwl* (gegenüber *vui/väi, Muich/ Màich, häiffa, Hoiz, Kàiwi* 'viel, Milch, helfen, Holz, Kälblein = Kalb'). Die konsonantische Erhaltung von *l* nach Vokal ist für das Nordbairische ebenso charakteristisch wie die gestürzten Zwielaute.

Regensburg liegt zwar im nord-mittel-bairischen Übergangsstreifen zwischen dem Mittel- und dem Nordbairischen, einem Keil, der sich von etwa Neustadt an der Donau nach Waldmünchen und Furth im Wald erstreckt; die Regensburger Stadtsprache selbst ist jedoch überraschenderweise weitgehend mittelbairisch geprägt (wie in Nieder- und Oberbayern), vor allem treten keine gestürzten Zwielaute auf (abgesehen von Ausnahmen wie *màissi wäi a Grobf* 'müßig (überflüssig) wie ein Kropf'). Hinsichtlich der Aussprache von postvokalischem *l* schließt sich Regensburg dem Nordbairischen an und vokalisiert es nicht; es wird *ü*-haltig artikuliert und färbt auf den Vokal davor ab, der zur Rundung tendiert: *stölln, Gsöll, spulln/spülln, i wull/wüll, Famullie/Famüllie* 'stellen, Geselle, spielen, ich will, Familie'.

Wertungen: Entschieden zurückzuweisen ist die Ansicht, eine Variante des Bairischen sei „schöner" als die andere. Wer will da Maßstäbe setzen, und welche? Wieso sollte *däif/duif/doif, bäing/buing/boing, Fouß* unästhetischer sein als *diaf, biang, Fuaß* ('tief, biegen, Fuß')? Warum sollte *väia Bäia* ('vier Bier') hässlich klingen? In der Weltsprache Englisch sind *äi, ou* feste Größen im Lautbestand. Englisch *made* („Made in Germany") hört sich an wie nordbair. *mäid* 'müde'. Englisch *road, code* haben denselben Zwielaut wie *roud, Koud*, die mundartliche Aussprache von 'rot, Kot' ('s Koud, Neutrum, bedeutet 'Humus', nicht etwa 'Exkremente' wie schriftsprachlich *der Kot*!). Tatsache ist leider, dass Oberpfälzer sehr rasch die markanten Lautungen des Dialekts ihrer Heimat ablegen, sobald sie diese verlassen. Schon an die Grenze des Rassismus rührt der dumme Scherz, man könne einen Oberpfälzer zum Bellen bringen, wenn man ihm sagt, es gebe irgendwo Freibier, worauf er reagiert mit: „Wou wou?"

Staunzn oder Schnouggn, Butzkiah oder Budlkäih

Merkmale und Dialektgeographie des Bairischen – Teil 2

Durch seinen „melodischen Akzent" hebt sich das Bairische (wie auch andere ober- und mitteldeutsche Dialekte) markant ab vom nördlichen Deutsch, dessen Stakkato für uns irgendwie aggressiv und bedrohlich klingt, nicht zuletzt wegen der Aspiration der Verschlusslaute: „P^{h}ant^{h}offel, T^{h}int^{h}e, K^{h}rank^{h}enhaus, k^{h}ik^{h}erik^{h}i" gegenüber bairisch „Bandoffe, Dintn, Grangahaus, giggerigi". Unser Sprachfluss zeichnet sich aus durch das Fehlen des harten Kehlkopfknacklauts (glottal stop, hier mit dem Zeichen ˀ angezeigt), durch Legato-Bindung über die Silben- und Wortgrenzen hinweg, durch Verschleifungen. Wir artikulieren nicht: „mit ˀunserem ˀalten ˀOnkel, der ˀeine ˀund der ˀandere, beˀobˀachten, Verˀein", sondern: „midunsamoidn-Onkl, daoaunddaanda, beoowachtn, Va-rein"). Darin ähnelt das Bairische dem Englischen, übrigens auch darin, dass es verschiedene a-Laute kennt (sowohl das Englische als das Bairische haben ein Vokal-Trapez, kein Dreieck wie die deutsche Hochsprache; siehe dazu Kapitel 36). Die nasalierten Vokale hat das Bairische mit dem Französischen gemeinsam: „Mẽĩ Mõ is alõã. I bĩ hĩ. I mõã schõ (schâ)" ('Mein Mann ist allein. Ich bin hin (erledigt). Ich meine schon').

Alle **Konsonanten** – mit Ausnahme der Nasale *m, n, ng* und der Liquida *l, r* – werden stimmlos artikuliert. Besonders auffällig ist das bei *s* im Silbenanlaut. Häufig treten die Konsonanten in geschwächter Artikulation auf (Schwächung: *krank, trinken > grang, dringa*), gleichen sich nach Wegfall von unbetontem *e* aneinander an (Assimilation: *sterben > steam*) oder schwinden da und dort gänzlich (*ich schon auch > i scho aa*). In Kapitel 19 findet sich dazu Ausführlicheres.

Die **Silbenstruktur** unterscheidet sich oft von derjenigen des (norddeutschen) Standards. Einsilbige Wörter werden fast durchgängig als Lenis-Silben gesprochen, also mit langem Vokal und weichem Konsonanten, sofern er nicht geschwunden ist: *aan, voon, hiin, biis, oob, schoon* (nicht *ann, vonn, hinn, biss, op, schonn* für 'an, von, hin, bis, ob, schon'), mundartlich auch *miid* 'mit'. *Diisch, Roog, Booch, Dreeg* haben Langvokal, gefolgt von weichem (Lenis-) Konsonanten (gegenüber Kurzvokal in hochsprachlich *Tisch, Rock, Bach, Dreck*), die Mehrzahl sowie abgeleitete Formen jedoch Kurzvokal und Fortis-Konsonant: *Disch* [dišš], *Reck, Bàch, dreckad*. Der Singular von 'Tanz, Schwanz' erscheint als Lenis-Silbe: *Dans, Schwans* (wie *Gans*), 'tanzen, Tänze, Tänzchen, Schwänze, schwänzen' aber als Fortis-Silben: *danzzn, Dànzz, Dànzzal, Schwànzz, schwànzzn*. „Machts koane Dànzz!" ('... keine Umstände, Scherereien'). „Beim Bund hams uns gscheid gschwànzzt" ('Bei der Bundeswehr wurden wir ordentlich gedrillt'). Unterschiedlicher Silbenschnitt führt zu Varianten; so etwa kann 'gefunden' entweder als *gfuntn* auftreten oder als *gfuna*; 'Hand, Hände' lautet in städtischem Bairisch *Hand, Hent*, in ländlichen Dialekten gilt *Hent* einheitlich für Plural und Singular (siehe dazu in Kapitel 30). Unterschiedlicher Silbenschnitt liegt auch vor bei *i kàf, deaf-ma* ('ich kaufe, darf man', Lenis-Silbe) und *mia kàffan, deaff-ma* ('wir kaufen, dürfen wir', Fortis-Silbe): Die 1-silbigen Formen unterliegen der Einsilbler-Dehnung, die 2-silbigen jedoch nicht. Fortis-Konsonanten führen zur Kürzung des Vokals; daher treten Wörter wie 'Vater, Meter' entweder als Fortissilben auf (*Vatta, Mätta*) oder bewahren den Langvokal, erweichen dann aber den Konsonanten (*Vooda, Meeda*). 1913 hat der österreichische Germanist Anton Pfalz diese Regelhaftigkeit beschrieben; deshalb nennt man sie die „Pfalz'sche Regel". Entlehnungen aus der Hochsprache wie 'hupen, super' und andere werden als Fortissilben gesprochen, nämlich *huppm, suppa*. Gruppen wie *ps, pst* führen ebenfalls zu Fortissilben: 'Krebs, Obst, Papst' haben kurzen Vokal: [gräps, opst, bapst].

Das Bairische verwendet **grammatische Formen**, die weder andere Mundarten noch die Hochsprache kennen. Ganz fest verankert und von keinem Mundartschwund angekränkelt ist das zusätzliche *-s* bei der Endung der 2. Person Plural: „Ihr kommts aber schon, oder? Habts Zeit?" Sie erklärt sich als verkürzte Form des Personalpronomens *ees* ('ihr', 2. Person Plural), das an die gemeindeutsch übliche Endung angewachsen ist (siehe dazu Beitrag Nr. 15).

Der grundsätzliche Verlust der unbetonten *e*-Laute wirkt sich in der Beugung der Verben und Substantive massiv aus: *i sing, lern, du fintst, er arwad, i hob gheirad, a Tass* 'ich sing*e*, lern*e*, du find*e*st, er arbeit*e*t, ich hab*e* geheira-t*et*, ein*e* Tass*e*'. Einzahl und Mehrzahl unterscheiden sich formal oft nicht: *a Berg – bBerg* 'Berg – die Berge (das Gebirge, die Alpen)', *a guads Leid – olle Leid* 'ein gutes Leut (eine gutmütige Person, meist weiblich), alle Leute'. In der Mehrzahl erfolgt keine Kasusmarkierung, d. h. der Dativ Plural erhält keine besondere Endung: *bei seine Leid, mid meine Briaff* 'bei sein*en* Leut*en* (bei seiner Familie), mit mein*en* Brief*en*'. Die oben erwähnte Pluralbildung mittels Silbenschnittwechsel hängt ebenfalls damit zusammen: Singular *Briaf* – Plural *Briaff* (< *Briefe*).

Substantive, die in der Standardsprache auf *-e* ausgehen büßen entweder den auslautenden Vokal ein: *Bitt, Gab, Strass/Strouss, Leng, Bruck, Woad* 'Bitte, Gabe, Straße, Länge, Brücke, (Vieh-)Weide'; in ländlichen Dialekten auch: *Wies, Kirch* 'Wiese, Kirche' – oder es wird in die Grundform (Nominativ Singular) das *-n* aus den mhd. Beugungsformen (oblique Kasus) übernommen: *Hosn, Rosn, Hüttn, Wuntn, Seitn, Soatn, Wàchtn, Breadn* 'Hose, Rose, Hütte, Wunde, Seite, Saite, Wächte (Schneewehe), Breite'. Nach Plosiven (Verschlusslauten) erscheint das *-n* assimiliert: *Lampm, Glockng* 'Lampe, Glocke' (*-pen* > *pm*; *-ken* > *-kng*), noch weitergehend z. B. in Wörtern wie *Stiang/Stäing, Haum, Stum, Reim* 'Stiege, Haube, Stube, Reibe (Kurve, Biegung)' (*-gen* > *-ng*, *-ben* > *-m*). Nach bestimmten Lauten erscheint das Endungs-*n* zu *-a* vokalisiert: *Rinna, Spinna, Wocha, Kircha, Sunna* (neben *Woch, Kirch, Sunn*) 'Rinne, Spinne, Woche, Kirche, Sonne'. (Es scheint, als hätte sich hochsprachliches *-e* zu *-a* gewandelt.) Die Mehrzahl kann verdeutlicht werden durch Endungsdoppelung: *seine Wiesna, vor drei Wochan, olle Stuma, zwoa Scheima vom Lewakàs* 'seine Wiesen, drei Wochen, alle Stuben, zwei Scheiben vom Leberkäs' (*-na, -an* < *-en-en*; *-ma* < *-ben-en*).

Kennzeichnend in der **Wortbildung** sind die Verkleinerungsformen auf *-l* und *-erl* sowie die erhöhte Zahl von Verben auf *-eln* (siehe dazu Kapitel

30 und 32). Auch die mit der Vorsilbe *der-* gebildeten Verben sind typisch bairisch: *dersaufen, derstechen, derbarmen* usw. (siehe dazu Kapitel 6). Der Ersatz von anlautendem *s* durch *h* in den Mehrzahlformen des Verbs 'sein' ist eine innerbairische Besonderheit: *mia/sie hàn(d), ees hàts* 'wir/sie sind, ihr seid'. (Man fühlt sich erinnert an den Wechsel der beiden Konsonanten auf der Stufe des Indogermanischen: lat. *sex, septem, super*, grch. *hexa, hepta, hyper* 'sechs, sieben, über'.)

Das Personalpronomen *ees* ('ihr', 2. Person Plural) ist sicher das auffälligste Kennwort des Bairischen, dazu die Formen *enk/eng, enga/enka* für 'euch, euer' (nordbair. Alternativen: *enk, äds, deeds, diids*, ganz nördlich: *enks, diats*). Weitere **Kennwörter** sind die aufs Gotische und Altgriechische zurückgehenden Wörter *Irda, Pfinzda, Dult, Pfoad* (siehe dazu Beitrag Nr. 2), ferner alte Entlehnungen aus slawischen Sprachen, so etwa *Anzen* 'Gabeldeichsel' und *Wojer, Weier* 'Stoßzügel beim Zugtiergespann' (tschechisch *ojnice, vajir*) sowie zahlreiche jüngere Wörter wie etwa *Bummerl, Singerl, Hadern, Odel, (rote) Rannen* ('Stier, Küken, Lappen, Jauche, Rote Rüben') und viele weitere Bezeichnungen, die typisch für das Bairische sind.

Im **Wortschatz** gibt es zahlreiche regionale Unterschiede. *Fasching* etwa ist beheimatet in Niederbayern und im östlichen Oberbayern; im übrigen Altbayern aber gilt *Fasenacht, Fasnacht (Foosenocht, Fousnet)*. Weit verbreitet als Bezeichnung für 'geselliges Beisammensein mit Freunden und Nachbarn' sind Lautformen von *Heimgarten (Hoagartn*, im Chiemgau *Hoagascht)*, im Bayerischen Wald sagt man dazu *Rockenreise (Roggarois)*, anderswo *Sitzweil*, in großen Teilen der Oberpfalz *hutzen gehen (huuza gäih)*. Der 'Rauchabzug auf dem Hausdach' heißt in Oberbayern *Kamin (Kamii)*, in Niederbayern *Rauchfang (Raufang)*, in großen Teilen der Oberpfalz *Schlot (Schloud)*; dazwischen liegt ein Gebiet, wo man dafür *Kintl* sagt. Die 'Stechmücken' nennt man in weiten Bereichen Altbayerns *Staunzn, Stanzn*, im Norden aber *Schnakn (Schnouggn)*. Immer wieder Anlass zu Diskussionen geben die verschiedenen Bezeichnungen für 'Fichtenzapfen': *Butz-, Butzl-, Budl-kühe (-kiah, -käih)*. Darin sind sich alle einig, dass ein männliches Kind in Bayern nicht ein *Junge* ist, sondern ein *Bub*. Witzbolde bemerken dazu, dass *Junge* bei uns nur die Viecher haben. Auch erwachsene Söhne sind die *Buben*: „Eahnane zwoa Buam sàn in Russland gfolln (gfòin)".

Doppelte **Verneinung** ist im Mündlichen durchaus nicht selten. Im Bairischen ist auch 3- oder 4-fache Verneinung akzeptabel: „I hob scho ewi nimmer koan Schnaps ned drunga." Der Kabarettist Christian Überschall liefert sogar eine Aussage mit 5-fach-Verneinung: „Bei uns hod no nia ned koana koan Hunga ned leidn miassn." Je öfter die Negation zum Ausdruck gebracht wird, desto eindringlicher wird verneint. Die schulmeisterliche Ansicht, dass „kein + nicht" oder „nie + nicht" sich gegenseitig aufheben würden, stimmt einfach nicht; nur in der Mathematik gilt: „minus mal minus = plus".

Mit an so an Gloiffl red i ned.

Ansätze zur Etymologie eines gängigen Worts

Gloifel ist hierzulande allgemein bekannt und gängig, nicht nur in den Mundarten Altbayerns, sondern auch in den ostfränkischen. Ein *Gloifl* – in Nieder- und Oberbayern *Gloiffe/Gloiffi* ausgesprochen – ist so etwas Ähnliches wie ein *Muhàckl (-hàgl)*, ein 'ungehobelter, ungebildeter, unverschämter, grober, blöder Kerl'. Über die Bedeutung ist man sich einig. Aber wie lässt sich das Wort erklären? Woher kommt es? Ganz einfach ist die Frage nicht zu beantworten, zumal das ansonsten unglaublich zuverlässige »Bayerische Wörterbuch« des Johann Andreas Schmeller keine Auskunft liefert.

Weit verbreitet ist die Meinung, *Gloifel* lasse sich herleiten vom Namen des frühmittelalterlichen bayerischen Herzogsgeschlechts der Agilolfinger. Dieser Ansatz ist zwar originell, muss aber aus sachlichen wie sprachlichen Gründen verworfen werden. Es ist höchst unwahrscheinlich, dass der Adelsname zum Schimpfwort degradiert wurde, steht doch Herzog Tassilo III., der letzte Agilolfinger (788 von Karl dem Großen abgesetzt, gestorben 796), heute noch in Ehren, wie die alljährliche Tassilo-Feier des Bayernbundes in Regensburg zeigt. Lautlich klappt es auch nicht; denn auch in der Oberpfalz (wo die Lautfolge *ol* nicht als *oi* gesprochen wird) heißt es *Gloifl* (mit *oi!*) – und nicht etwa *Glolfl*.

Auch das mittelhochdeutsche Wort *glêve* (Lanze) wird bemüht; es sei in übertragener Bedeutung für 'Lanzenträger, Landsknecht' verwendet worden. Lautlich würde die oberfränkische Variante *Glefl* dazu passen, nicht aber die bairische mit dem Zwielaut *oi*.

Altphilologen sind davon überzeugt, dass *Gloifel* lateinischen Ursprungs ist und sich von *clava* herleitet, womit man einen 'Holzknoten, knorrigen Stock', insbesondere eine 'Keule' bezeichnet hat, oder von *clavis*, was nicht nur 'Schlüssel', sondern auch 'Schloss, Riegel an Türen' bedeutet.

Andere wieder glauben, der biblische Name *Kleophas* sei zu *Gloifl* verunstaltet worden. Einer der beiden Emmaus-Jünger hieß Kleophas (Luk. 24,18), vom anderen ist in der Bibel nur dessen Ehefrau erwähnt, die unterm Kreuz stand („Maria, des Kleophas Weib", Joh. 19,25). Beide Namensträger kommen nicht in Frage, als Urbild des ungehobelten Grobians gedient zu haben.

Erwogen wird auch die Herleitung aus dem Jiddischen, letztlich also doch aus dem Hebräischen, wo die Mehrzahl zu *kélew* (Hund) *klâwim* lautet. Im Jiddischen des oberdeutschen Sprachraums entstand daraus *klofem*, und kam zu der übertragenen Bedeutung 'Antisemit, dummer Kerl', schließlich *Klof* = 'dummer, böser Mann', was zu *Glouf* führen konnte (in Nürnberg belegt; soweit nach Alfred Klepsch), und, mit der Endung *-(e)l* versehen, auch zu *Gläifl*. Wie aber kommen wir zum *Gloifl*?

Während die Jiddisch-These viel für sich hat – eine Anzahl von Dialekt-Wörtern geht eindeutig auf diese Händler- und Handwerkersprache zurück –, überzeugt sie doch nicht restlos. Viel wahrscheinlicher ist der Zusammenhang mit dem deutschen Wortstamm, der in *klieben* (spalten), aber auch in *klobig, Kluft* und verborgen in *Knoflauch* 'Knoblauch' steckt (Dissimilation *Kloflauch > Knoflauch*). Das Verb hieß im Althochdeutschen *klioban*, woraus sich die im Bayerischen Wald gängige Mundartlautung *gloim* oder *gluim* erklärt. *Gloifl* könnte ursprünglich die Bedeutung 'Hackstock, Holzklotz' gehabt haben. Auch *Klaue* ('gespaltener Fuß', mundartlich *Gleewl, Gleewe*) ist in Erwägung zu ziehen. Geradezu fantastisch mutet es an, dass es im Isländischen das Wort *klaufi* gibt, abgeleitet von *klauf* (Klaue, Schlitz) – und isländisch *klaufi* bedeutet genau dasselbe wie unser *Gloifl*.

Der Bogen der Erklärungsversuche spannt sich sehr weit, vom biblischen Hebräisch übers Lateinische bis zum Isländischen. Dass viel für den Zusammenhang mit dem Stamm des deutschen Verbs *klieben* spricht, davon hat mich die Mitteilung einer alten Frau aus dem Sudetenland überzeugt: In ihrer Heimat hieß der kräftige Holzbalken, der, an den Enden in zwei Mauernischen geschoben, zur Abriegelung von Toren in Burgen und Kirchen diente, *Gloifl*. Das deckt sich genau mit der Bedeutung von lat. *clava, clavis*: ein 'ungefüger, grober Prügel' – wie ein Mensch, den man als *Gloifl* abqualifiziert.

Wir verwenden das Wort selbstverständlich, aber woher es wirklich kommt, das bleibt weiterhin ein Rätsel. Solang der Gegenbeweis nicht geführt wird, kann die Herkunft von *klieben* (mundartlich auch *gloim, gluim*) als die wahrscheinlichste Lösung gelten.

2

Schorsch, mogst a Bifflamott

Entlehnungen aus dem Französischen

„Schorsch, mogst a Bifflamott?" Das ist einwandfreies Bairisch. Kaum jemand macht sich bewusst, dass sowohl die Namensform *Schorsch (Schoasch, Schos, Schosl, Schori)* als auch die Bezeichnung für die geschätzte sauerbratenähnliche Speise französischen Ursprungs ist: *Georges* und *bœuf à la mode* (Rindfleisch nach der Mode).

Bis ins 20. Jahrhundert hinein war für die Deutschen das Französische die Sprache der feinen Lebensart, war modisch und „in" – wie heute das Englische. Für neue Dinge, neue Begriffe kamen neue Bezeichnungen in Umlauf. Schauen wir uns eine Auswahl von Übernahmen aus dem Französischen an, die Eingang in Dialekt und Umgangssprache gefunden haben.

Veraltend sind *Paraplúi, Parasól* (Schirm), *Trottoá* (Gehsteig; frz. *trottoir*), *Perrón* (Bahnsteig), *Billétt / Billéttl* (Eintrittskarte, Fahrschein), *Schäsló* (Sofa; frz. *chaise longue*) oder *Waschlawór* (Waschbecken; frz. *lavoir*), *Loschí-Leut* (Mieter; frz. *logis*).

Durchaus geläufig sind heute noch: *Schäs, Schäsn* (frz. *chaise* 'Kutsche', bei uns abfällig für 'Auto' – und *alte Schäsn* 'hässliches altes Weib'), *Ringló* (frz. *Reine-Claude*), *Bagásch* (Gesindel, Pack; frz. *bagage*), *Visásch* (Gesicht, frz. *visage*). Eine zünftige „Verbaierung" liegt vor mit *Botschámperl* (Nachttopf; frz. *pot de chambre* + bair. Verkleinerungssilbe *-erl*). *Wisawí* (frz. *vis-à-vis*) ist mindesten so geläufig wie *gengüwa* (gegenüber), und genauso ist es bei *redúa* (frz. *retour*) und *zruck*, bei *baddú* (frz. *partout*) und *unbedingt*.

Man hört „Sie dischgrian in oana Dua und schenian se ned" (frz. *discourir, tour, gêner*). *Schandàrm* (gekürzt zu *Schàndi* – vgl. das Kinderspiel *Räuber und Schàndi*), *Malör, schenànt* und *duschúa* sind aus dem Französischen entlehnt (*gendarme, malheur, gênant, toujours*). Für 'krank, schwach' gibt es die Ausdrücke *malád, lawéd* (*malade, la bête* – aus einem Kartenspiel übertragen). *Adjö, adé, adjés* haben ihren Ursprung in frz. *à dieu* 'Gott befohlen'.

Auch die Verabschiedung mit *tschüß*, derer sich inzwischen die Leute auch hierzulande immer häufiger bedienen, geht darauf zurück.

Mehrsilbige Wörter verraten ihre französische Herkunft dadurch, dass sie den Akzent auf der 2. oder 3. Silbe tragen, so etwa *Galoschen* 'Gummi-Überschuhe' (< frz. *galoches*). Stärker an das Deutsche angeglichen, d. h. mit Erstsilbenbetonung, tritt *measse* auf, womit wir uns formlos und doch herzlich bedanken (frz. *merci*). *Kanapee* betonen wir ebenfalls auf der 1. Silbe (nicht wie frz. *canapé*). – Schafkopfspieler kennen den Ausdruck *Solo Du*, was recht deutsch ausschaut, worin aber frz. *tout* (alles) steckt.

„Kusch!" befiehlt man dem Hund, und es kann sein, dass der Ehemann *kuschen* muss vor seiner besseren Hälfte (frz. *coucher* 'niederlegen'). Nicht mehr ohne weiteres erkennbar ist, dass die verärgerten Ausrufe *Sackradi, Sappradi* auf frz. *sacre dieu* (heiliger Gott) zurückgehen. – Das Wort *Lackl* rührt her vom Namen des französischen Generals *Ezéchiel Graf von Mélac*, der den Auftrag hatte, die Pfalz zu verwüsten, was er 1689 mit barbarischer Härte durchführte. Er ist angeblich stets in Begleitung furchterregender großer Hunde aufgetreten (einen solchen nennt man in der Pfalz heute noch *Melack*). Wenn man jemanden als *Lackl* bezeichnet, so steckt darin der Vergleich mit einem groben Metzgerhund.

Auffallend ist die Aussprache der Nasalvokale in Fremdwörtern aus dem Französischen. Wer Französisch beherrscht, dem graust es, wenn nasaliertes [ã] in Wörtern wie 'Restaurant, Engagement, Orange, orange (Farbe), Chance, Balance' ersetzt wird durch überhelles [à]: [resto'rà, àgàsch'mà, O'ràschn, o'räsch, schàäs, bà'lààs] (*Balance* auch in der veralteten Bedeutung 'Lenkstange am Fahrrad'). Fest verankert ist dieser Lautersatz in mundartlich [sàni-, sànti-metta, -meda] für 'Zentimeter' (nach frz. *centimètre*) und [ku'sà] 'Cousin'. Die Silbe *-on* in *Beton, Balkon, Ballon, Salon, Medaillon* usw. wird [*oon*] ausgesprochen, nicht mit nasaliertem [õ] und erst recht nicht, wie in Norddeutschland üblich, als [ong]. Bei uns reimen sich die genannten Wörter auf *schon, Sohn*, nicht etwa auf *Gong*.

Wohl kaum aus dem Französischen kommt das Wort *Fisimatenten* (Ausflüchte, Winkelzüge), so oft die Erklärung aus frz. *visitez/visite ma tente* (besuch/t mein Zelt) samt der dazu gehörenden originellen Anekdote auch wiederholt werden mag. Die Wörterbücher erklären, *Fisimatenten* sei entstanden aus der Verschmelzung von lat. *visae patentes* (behördliche Urkunde, vgl. *Visa, Visum*) und *fisiment* (überflüssiger Zierat). – *Justament* sieht aus, als wäre es ein französisches Adverb. Da das Wort aber [justaˈment] ausgesprochen wird und nicht etwa [schistˈmã], dürfte es sich um keine Entlehnung aus dem Französischen handeln. Kann es denn nicht schlicht und einfach eine deutsche Wortbildung sein: *just am End(e)*? Wir sagen doch auch: *aˈment* 'am Ende, schließlich, doch'.

Ob *einem eine duschen* in der Bedeutung 'ihm eine Ohrfeige verabreichen' von frz. *toucher* (berühren) kommt, sei dahingestellt. Bei *duschen, Duscher(er)* (stark regnen, Regenguss) liegt eher eine metaphorische Übertragung vor: von *Dusche* (Brause) – übrigens ebenfalls eine Entlehnung aus dem Französischen (*douche* 'Dachrinne'), letzten Endes aber italienischen Ursprungs (*doccia*).

Rechte Hallodri sans, de Maschkerer.

Entlehnungen aus dem Italienischen

Wie aus dem Französischen sind auch aus dem Italienischen (der im Süden unmittelbar angrenzenden romanischen Sprache) zahlreiche Ausdrücke ins Bairische entlehnt worden.

„An die Arbeit, allevanti!" kann man hören, oder „Avanti! Stehts ned bloß umanand do!" Die aufmunternden Ausdrücke sind waschechtes Italienisch (*avanti* 'vorwärts') im bairischen Kontext. Weniger deutlich merkt man es bei *Maschkerer* (it. *maschera*, gesprochen mit *s-k*) und *Gespusi, Gschpusi* (it. *sposa, sposo* 'Verlobte/r'). 'Schöne Augen machen, schmeichelnd zublinzeln, um anzubandeln', dafür gibt es im Altbairischen den Ausdruck *speanzln*. Verhochdeutscht wäre das *spönseln*, womit sich zeigt, dass es mit *Gschpusi* verwandt ist. 'Anschnitt, Ende eines Brotlaibs, Randstück (mit Kruste) vom Leberkäs' heißt im Bairischen *Scherz(e)l*, und das lässt sich unschwer mit it. scorza 'Baumrinde' in Verbindung bringen. Unser *Spagat* (*Spogad-Schnürl/-Schnäial*, mit Betonung auf der 1. Silbe) stammt von it. *spago* 'Schnur', Diminutiv *spaghetto* (daher: *Spaghetti*); nicht verwandt mit *Spagat* 'Spreizschritt' (< it. *spaccata*, zu *spaccare* 'spalten').

„Nix wia strawanzn duad a, der Hallodri", jammert die Mutter über ihren Sprössling, den sie für einen Luftikus hält, für einen Nichtsnutz, der herumstrolcht, statt brav seine Pflichten zu erfüllen. In *Hallodri* steckt vielleicht it. *allotria* ('Unfug', zu grch. ἀλλότριος 'nicht zur Sache gehörig') oder es ist eine spielerische Lautvariation zum Ausruf *Holladrio*, der ausgelassene Lebensfreude signalisiert. *Strawanzen* geht auf it. *stravaganza* (Extravaganz) zurück. An einem Hallodri findet man durchaus liebenswerte Seiten, aber als *Baraber* bezeichnet zu werden, ist ehrenrührig. Dabei meint *Baraber* ursprünglich 'italienischer Straßenbauarbeiter, der nur gebrochen deutsch spricht'. Der Wortstamm von *parlare* (sprechen) ist wohl klanglich vermengt worden mit *Araber*. Italienisch *zampa* bedeutet 'Pfote', und weil er vier solche hat, heißt ein kleiner Hund bei uns *Zamperl*.

3

Früher waren sie recht beliebt, die *Pafesen* oder *Bavesen*, gefüllt mit fein gewürztem Kalbshirn, Haschee oder Zwetschgenmus; Rezepte für ihre Zubereitung finden sich in älteren bayerischen Kochbüchern (*Pavese* bedeutet: 'aus Pavia kommend'). Bleiben wir im Bereich der Küche. *Brockerl* gibt es da (it. *broccoli*) und *Blumenkohl*, der früher auch bei uns *Karfiol* genannt wurde – wie in Österreich heute noch. Beide Wörter kommen aus dem Italienischen. Wenn die Oma ein offenes Bein hat, einen „offenen Fuß", wie man bei uns sagt, dann muss sie ihn jeden Tag *einfatschen*, mit *Fatschen* umwickeln, also bandagieren. *Fatsche(n)* geht auf denselben Wortstamm zurück wie *Faschismus* und *Faschinen*; allen liegt it. *fascia* 'Bündel' zugrunde. In traditionellen Weihnachtskripperln liegt das *Fatschenkindl*: das in Windeln gewickelte neugeborene Jesuskind.

Ob man im Forst heute noch einen *Sapin* oder eine *Zapin* braucht für die Holzarbeit, weiß ich nicht. Jedenfalls ist die Bezeichnung für das Werkzeug, das aus einem spitzen Eisenteil (ähnlich einer einseitigen Spitzhacke) an einem langem Stiel besteht und zum Ziehen von Baumstämmen dient, italienischer Herkunft (*zappare* 'hacken'). Die Holzknechte, heißt es in einer Geschichte des niederbayerischen Erzählers Wilhelm Diess, haben in der Wirtschaft „ihre Hacken, Sapie, Ketten, kurz ihr ganzes Zeug in die Ecke geschmissen." Wahrscheinlich haben sie sich etliche Biere genehmigt und dann gewattet. Der Ausdruck *Watten* für ein hierzulande sehr beliebtes Kartenspiel dürfte sich herleiten von it. *battere* (schlagen). Im Eifer des Spiels werden die Karten schwungvoll auf den Tisch geschmettert, quasi geschlagen. In unserem Wort *Gstanzl* steckt it. *stanza* 'Strophe'.

Weitere Entlehnungen aus dem Italienischen sind *Maroni, sekkieren, Pip* (Esskastanie; peinigen, quälen, belästigen; Pfeife). Und wenn wir uns mit *Tschau* (it. *ciao*) verabschieden, geht uns das viel leichter über die Lippen als das aus dem deutschen Norden importierte *Tschüss*.

4

Wennst nix daheiratst und nix irbst, ...

Bairisch *-ir-* für hochsprachlich *-er-*

„Wennst nix daheiratst und nix irbst, / na bleibst arm, solang bis d' stirbst." So lautet eine bittere volksweisheitliche Erkenntnis. Übersetzt man sie ins Hochdeutsche, geht der sprachliche Reiz verloren, weil sich *(du) erbst* nicht auf *(du) stirbst* reimt. Wieso funktioniert das aber im bairischen Dialekt?

Rasch lässt sich erkennen, dass nicht jedes *-er-* im Bairischen zu *-ir-* wird. Das Zeitwort *kehren* kann 'säubern, fegen' bedeuten oder 'wenden'. Nur im ersten Fall tritt die Lautung *-ir-* auf, im zweiten nicht. „I muaß an Hof zammkian" – aber: „Do konnst fei ned umkean" oder „Mia kean im Wirtshaus ei" (zusammenkehren; umkehren, einkehren).

Schauen wir uns einige Wörter an, die grundmundartlich *ir* (gesprochen *ia*) für hochsprachlich *er* aufweisen, so etwa bair. *firti* = 'fertig'. Wir müssen weit zurückgehen in der Sprachgeschichte, um dem *ir* auf die Spur zu kommen, ins Althochdeutsche nämlich, wie es vor mehr als 1000 Jahren gesprochen wurde. Der Stamm unseres Eigenschaftsworts *fertig* ist derselbe wie in *fahren*; es steckt also ein *a* drin. *Fertig < fart-ig* bedeutete ursprünglich 'zur Fahrt bereit'. Die Lautgruppe *er* hat sich immer nur dann zu *ir* entwickelt, wenn sie auf altes *ar* zurückgeht. In unserer Orthographie verrät in vielen Fällen die Schreibung *är, ähr* diese Tatsache, so etwa in *schwärzen, Gefährte*. „Frou bin i, daß i an Gfirtn ho", kann man auf dem Land hören, 'froh bin ich, dass ich einen Gefährten (Begleiter) habe'.

Von *schwarz* leitet sich *schwärzen* her, bair. *schwirzn* ('Schwarzhandel treiben, schmuggeln'), zu *arg, stark, warm* heißen die Steigerungsformen in echter bairischer Mundart *irga, stirka, wirma* ('ärger, stärker, wärmer'). „Des Broud is ma z'hirt" ('dieses Brot ist mir zu hart'), sagt die Oma, aber: „Mim Lesn duar i mi hart (hoat)" ('das Lesen fällt mir schwer'). Das Wort *hart* weist also im Dialekt unterschiedliche Lautung auf, je nachdem, ob es als

Adjektiv verwendet wird (das harte Brot) oder als Adverb (hart arbeiten). Im Althochdeutschen stand dafür *hart-i* bzw. *hart-o*, und nur im ersten Fall hat ein *i* in der Folgesilbe den Umlaut bewirkt: Aus *harti* wurde *herte*, woraus im heutigen Bairisch *hirt* geworden ist.

In einem alten Regensburger Krippenspiel heißt es:

> Wenn dees da kloa Messias waar,
> Den wir verlangen all,
> So hätt er jo a Hirba aa,
> Wos daad er denn im Stall?

Nicht allen heutigen Lesern ist klar, was mit *Hirba* (gesprochen *Hiawa*) gemeint ist. Es bedeutet 'Herberge', ist also auch ein Beispiel für bair. *ir* statt standardsprachlich *er*. Einige weitere: *Hirbst (Hirgst), Schwirzer, Birl, Weinbirl, obbirln, schwirn (schwian), spirrn (spian), Summermirl* – 'Herbst, Schmuggler, Beere, Johannisbeere, abbeeren, schwören, sperren, Sommersprossen'. Auf die Frage nach der für seinen Wohnort zuständigen Kreisstadt weiß der alte Bauernknecht nur die ausweichende Antwort: „Ei-gspiad weama z Strauwing" ('eingesperrt werden wir in Straubing'; offenbar kannte er das dortige Zuchthaus aus eigener Erfahrung). „'s Gmirk losst holt nooch bei eahm, er konn se nix mehr damirka" ('Das Gedächtnis (*Gemerk*) lässt nach bei ihm, er kann sich nichts mehr merken (*dermerken*).') Die 'Erlen' (Laubbäume) heißen *Irlen*, sie liefern *irle(r)nes* Holz. Der Ortsname *Irlbach* ist bedeutungsgleich mit *Erlbach*; solche Dörfer sind benannt nach einem Bach, an dessen Ufern Erlen wuchsen. Von *Irlbach* leiten sich Familiennamen wie *Irlbacher, Irlbeck, Irlböck* her. Der Flurname *Girlet* verweist auf ein Erlengehölz: *Ge-erl-icht* > bair. *Gialad*, Schriftform *Girlet*.

Auch die mundartliche Aussprache *Wirt, Wiat* für die Ortsnamen *Wörth* (an der Donau, an der Isar) gehört hierher, ebenso der Obere und Untere *Wöhrd* in Regensburg. *Wörth, Wöhrd* usw. sind Schreibformen für altdeutsch *wert*, was 'Insel, Halbinsel, erhöhtes wasserfreies Land zwischen Sümpfen, Ufer' bedeutet hat.

5

Dult, Irda, Pfinzda, Pfoad

Zu den griechischen Wurzeln des Bairischen

Jedes Jahr gibt es in Regensburg die Maidult und die Herbstdult, und der Platz, auf dem sie stattfinden, heißt Dultplatz, Landshut feiert Ende August die Barthlmä-Dult. Unter *Dult* können sich Leute aus anderen Regionen Deutschlands nichts vorstellen. Das Wort ist eine Besonderheit unserer Varietät des Deutschen, die anderswo unbekannt ist, ein bairisches Kennwort, wie man so etwas bezeichnet: weil man das Bairische daran erkennen kann.

Es geht auf das gotische Wort *dulþs* zurück, was 'Jahrmarkt, Kirchweih' bedeutet hat. Der Siedlungsraum der Ostgoten lag am Schwarzen Meer. Von dort ist das Wort mit Resten der Goten in der Völkerwanderungszeit die Donau aufwärts gewandert und schließlich bei uns gelandet – und bis heute im aktiven Sprachgebrauch erhalten geblieben. Altphilologen würden es gern von lat. *indultum* 'Ablass' herleiten; aber das klappt lautlich nicht.

Bei drei weiteren Kennwörtern aber können sie sich freuen. Bairisch *Irda, Pfinzda, Pfoad* gehen tatsächlich auf das Altgriechische zurück.

Der Tag zwischen Montag und Mittwoch ist in vielen Sprachen nach dem Kriegsgott benannt. Bei den Römern hieß er *Martis dies* 'Tag des Mars', was zu it. *martedì*, französisch *mardi* geführt hat. Hochsprachlich *Dienstag* birgt *Thingsus* in sich, einen Beinamen des römischen Mars. Bei den alten Griechen hieß er *Areōs hēméra* 'Tag des Kriegsgottes Ares'. Das Nachbarvolk der Goten übernahm die Bezeichnung, sie deuteten sie allerdings um zu *Areinsdags*, womit sie den Presbyter Arius († 336) ehrten, den Begründer ihrer Form des Christentums. Auf dem oben erwähnten Weg muss das Wort in unsere Gegend gekommen sein, und aus *ari* wurde *er*, dieses wiederum im Bairischen zu *ir* (siehe dazu Kapitel 4). *Irta, Iada*, ebenso *Erchta, Eachta, Iuchta* und andere Nebenformen sind die mundartlichen Lautungen für *Ertag, Erchtag* – so wäre die schriftsprachliche Form.

5

In *Pfinzda* (Donnerstag) steckt der griechische Zahlwortstamm *pent-* 'fünf' (vgl. *Pentagon, Pentagramm*), ebenso in *Pfingsten* (der 50. Tag nach Ostern). In der traditionellen Zählung der Wochentage, beginnend mit dem Sonntag, ist der Donnerstag der 5. Tag, grch. *pémptē hēméra*. Nach den Regeln der Konsonantenverschiebung wurde im Anlaut aus grch./lat. *p* ein *pf*, aus *t* ein *ts* = *z* (vgl. lat. *pilum, planta, tegula* > deutsch *Pfeil, Pflanze, Ziegel*), und der Lautfolge *en* entspricht deutsch *in* (vgl. lat. *census* > deutsch *Zins*). Die Entwicklung von *pent* zu *pfinz* ist also exakt nach den Lautgesetzen verlaufen.

Bleibt noch die alte bairische Bezeichnung *Pfait, Pfoad* für 'Hemd' zu klären. Ihr liegt das altgriechische Wort *baítē* (Rock) zugrunde, das die Goten als *paida* übernahmen. Neben finnisch *paita* ist bair. *Pfoad* der einzige greifbare Nachkomme dieses uralten Worts. Dass historisches *ai* oder *ei* im Bairischen als *oa* ausgesprochen wird, versteht sich von selbst (vgl. *koa oanzigs Oar* 'kein einziges Ei'). Den folgenden Gstanzl-Vers hat uns Georg Queri überliefert:

> Da Baur und da Hund
> ham mir's Mensch net vagunnt,
> hab's scho ghabt bei da Pfoad,
> ham ma's wieda vajoad (verjagt).

Hier heißt es noch, wie eigentlich richtig, *die Pfait*; heute wird das Wort meist mit dem Geschlecht von „das Hemd" gebraucht, vor allem wenn mit *Pfoad* ein Leinenhemd oder eine Art Kaftan im modischen Landhauslook bezeichnet wird.

6

Dabremst hob i's nimmer.

Das bairische Präfix *der-*

Vor Gericht fragt man den angeklagten Verkehrssünder: „Ja, warum haben Sie denn nicht rechtzeitig gebremst?" Antwortet dieser: „Bremst hob i scho, Herr Richter, aber dabremst hob i's nimmer". Damit ist gemeint, dass es ihm nicht mehr gelungen ist, sein Gefährt rechtzeitig zum Stillstand zu bringen. Oder: „Mei, bin i dakema, wia's ma gsogt hod, dass's schwanga is", klagt ein junger Bursch, „i hob mi lang ned dafangt." Verschiebt man diese Aussage Wort für Wort in die Schriftsprache, wird Unsinn daraus: „Mein Gott, bin ich er-/ver-kommen, als sie sagte, sie sei schwanger. Ich habe mich lange nicht er-/ver-fangen." Die bairischen Ausdrücke *derkemmen sein* und *derfangen* sind nicht so ohne weiteres in der Standardsprache wiederzugeben.

Das Wortbildungselement (Präfix) *der-* ist eine echte Besonderheit des Bairischen. Schauen wir uns an, was es alles leistet. Vordergründig entspricht es den hochsprachlichen Vorsilben *er-* oder *ver-*. Beispiele: *dabarma – erbarmen, dalebm – erleben, daratn – erraten, dawischn – erwischen, dahänga – erhängen, daschiassn – erschießen, dasauffa – ersaufen, dahungan – verhungern, dadürschtn – verdursten, dakratzn – verkratzen, dakraftn – verkraften* und viele weitere mehr. So einfach ist es allerdings nicht. Nicht immer lässt sich bair. *der-* durch *er-*, *ver-* ersetzen. Nur bedingt gilt die Gleichsetzung *dawartn = erwarten*. Richtig ist: „Er ko sein Geburtsdog kaam dawartn" oder „Des werd a scho dawartn kina" – nicht aber: „Mia dawartn Bsuach".

Mit einem *der*-Verb kann eine wiederholt ausgeführte Handlung zum Ausdruck gebracht werden, z.B. „D'Staunzen ham uns ganz schee danoglt" – häufig und intensiv haben die Mücken gestochen.

Oft dient das Präfix *der-* dazu, um auszudrücken, dass das Ergebnis einer Tätigkeit zum Abschluss gebracht worden ist, zu einem Ergebnis geführt hat, dass etwas erreicht wurde (perfektiv). »Dalust und daspächt« lautet der Titel eines Bandes mit Versen der Oberpfälzer Dichterin Maria Schwägerl ('erlauscht und erspäht'). Man kann etwas *dergneißen* ('durch Zufall oder List in Erfahrung bringen'), die Zeche *derzahlen* können oder nicht, oder etwas grad noch *derglangen* ('greifend erreichen').

Der Abschluss einer Handlung kann eine schwerwiegende Beschädigung, ja die Vernichtung einschließen, wie das bei *derhängen, derschlagen, derschießen, derhungern* auf der Hand liegt: Das Hängen, Schlagen, Schießen, Hungern hat finale Folgen, führt zum Tod. „De ham se an am Baam darennt" heißt in hochsprachlicher Übersetzung: „Sie sind durch die Kollision mit einem Baum zu Tode gekommen." Absolut final also – wie für die Fliege, die an der Fensterscheibe *dabatzt*, oder den Wurm, der auf dem Gartenweg *dawuzelt* worden ist. Wenn es von jemandem heißt: „Den hod's dabräslt", dann meint das entweder: der Betroffene hat in der Prüfung kläglich versagt, ist durchgefallen – oder aber das Gleiche wie: „der hat sich derstessen, derhutzt", d. h. er ist tödlich verunglückt. *Derrappeln* hingegen besagt, dass sich jemand wieder erholt hat und zu Kräften gekommen ist

Bemerkenswert ist das Vorkommen mancher *der*-Verben in zweierlei Bedeutung. *Dersaufen* kann einerseits 'ertrinken' meinen – „der is in da Naab dasuffa" –, andererseits aber auch 'durch Saufen bewältigen' – „die vierte Mass dasauf i nimmer".

Von den Aberdutzenden von mundartlichen Wortbildungen mit *der*- hat nur eine einzige den Aufstieg in die Schriftlichkeit geschafft, nämlich *derblecken*. Das Politiker-Derblecken beim Starkbieranstich auf dem Münchner Nockherberg hat Tradition seit 1891. Ganz originell ist es, dass manche Nichtbayern meinen, das Wort setze sich zusammen aus *derb* und *lecken* – weil ihnen eben die Vorsilbe *der*- unbekannt ist, und für derb halten sie die Bayern sowieso, kommt ihnen doch das Götz-Zitat mit *lecken* sehr leicht über die Lippen (siehe dazu Kapitel 27).

7

Passts fei auf, es is recht haal draußt!

Einige selten werdende Eigenschaftwörter

Die letzten Wochen hatten wir gefährliches Glatteis. Aber wenn man zu den Freunden, die nach fröhlichem Umtrunk spätabends das Haus verlassen wollten, gesagt hat: „Passts fei auf, es is recht haal draußt!", dann war es wahrscheinlich, dass die gut gemeinte Warnung nicht verstanden wurde. Mehr und mehr griffige Eigenschaftswörter des Bairischen geraten nämlich zusehends in Vergessenheit. Eins davon ist *hàl* (*à* steht für den überhellen a-Laut, wie in *Kàs, gràntig*), in Ober- und Niederbayern *hài* ausgesprochen, in Regensburg hört man *hàil* (Mischform aus mittel- und nordbairischer Lautung). Es bedeutet 'eisglatt, schlüpfrig'. „Haal is's, haal is's im Winter, wann der Schnej vo de Baam owafallt", zitieren Adolf und Erika Eichenseer (in ihrem Oberpfälzer »Hausbuch von Fastnacht bis Pfingsten«) aus der Grabrede bei einer Faschingsbeerdigung.

Das Gegenstück zu *hàl/hài* ist *wàx* – 'scharfkantig spitz'. Früher, als die Kinder in der warmen Jahreszeit barfuß gingen, spürten sie an den Fußsohlen, wie wax der Schotter auf dem Weg oder wie schmerzlich wax die Stoppeln auf den gemähten Getreidefeldern waren. Der Name des der Zugspitze benachbarten Waxensteins erklärt sich leicht; er heißt so wegen seiner waxen Gestalt. *Wax* taucht auch in übertragener Bedeutung auf. „Die Viktorl war absolut nicht mehr so wax zu ihm", lesen wir in einer Erzählung von Oskar Maria Graf, womit gemeint ist, dass die Viktoria ihr aggressives und widerborstiges Verhalten abgelegt hatte.

Statt *wàx* hätte der Schriftsteller ebenso *hàntig* setzen können. Auch so ein Wort, das selten geworden ist, 'bitter, herb, gallig scharf' bedeutet es. Ein selbstgebrannter Schnaps etwa kann hantig sein – oder eben auch eine Person. „Die Kellnerin ist eine ganz hantige, die versteht keinen Spass." Noch herberen Charakter würde man ihr attestieren, wenn man sie als *ràss* bezeichnen würde und sie quasi mit einem zu scharf gewürzten Essen vergleicht. Eher anerkennend klingt die Qualifikation *resch* für eine Frau, die aufgeweckt, lustig, frisch und munter ist, aber auch resolut, spröd und kurz angebunden sein kann. Beim Frühstück schätzen wir eine resche (rösche) Semmel – die Norddeutschen würden sagen: ein krosses Brötchen.

Die hier genannten Eigenschaftswörter sind keine bairischen Erfindungen, sondern gehen alle aufs mittelalterliche Deutsch zurück. Die mhd. Formen waren *hæle, wahs, handec, ræze, rösche.* (Auch andere germanische Sprachen, so etwa das Schwedische, haben das Wort *hal* in gleicher Bedeutung wie im Bairischen.) In der heutigen Mundart weisen die ersten vier den fürs Bairische typischen überhellen *à*-Laut auf: *hàl, wàx, hàntig, ràss.* Wohl nicht nur zufällig, denn das *à* ist expressiv und eignet sich bestens, um emotionale Beteiligung auszudrücken.

A bor Guatln für enk, sä ...

... und: *die apere Gfrier*

Zahlreiche bei uns geläufige Ausdrücke stammen tatsächlich aus anderen Sprachen, aus dem Lateinischen, Französischen, Italienischen, Tschechischen und – vor allem in jüngerer Zeit – aus dem Englischen.

Aber Vorsicht: Manches, was auf den ersten Blick fremdsprachlicher Herkunft zu sein scheint, erweist sich als gut deutsch. Da gibt es im Bairischen das inzwischen selten gewordene Wörtchen *sä*, das die Oma gesagt hat, wenn sie uns Kindern etwas überreicht, geschenkt hat. „A bor Guatln fiar engg, sä." Lautlich deckt es sich zwar mit der Aussprache von französisch *c'est*, aber inhaltlich passt es nicht. Kein Franzose begleitet die Überreichung von etwas Erbetenem mit *C'est* = 'das ist', sondern mit *Voilà*.

Wie sagt doch heute die Verkäuferin, wenn sie dem Kunden die gewünschte Ware auf den Tisch legt? „So, Eahna Aufschnitt, do schaung S' her." Oder es heißt: „Schau her, dei Wechslgeld." Das beinhaltet eigentlich keine Aufforderung zum *Herschauen*; es handelt sich um eine floskelhafte Redewendung. *Schau her* ist die heutige Entsprechung für das alte *Sä*. Nimmt man statt *herschauen* das Verb *sehen*, dann erschließt sich die Herkunft des in Frage stehenden *Sä*: Es handelt sich um eine isolierte und erstarrte Imperativform zu *sehen*, bedeutet also dasselbe wie *schau* oder *sieh* – oder gepflegt hochdeutsch: *siehe da*.

Vor allem im Süden Bayerns, in Alpennähe, ist das Eigenschaftswort *aper* bekannt in der Bedeutung 'schneefrei'. Nach dem langen Winter in den Hochlagen wartet man sehnsüchtig darauf, dass die Vegetation beginnt, wo sich an Südhängen offene, schneefreie Stellen zeigen. „Erdig grün wachsen die aperen Wiesenflecke aus dem Schnee heraus", liest man in einer Erzählung von Wilhelm Diess. „Chrysanthemen [bekamen] im Winter nur ein paar Daxen ... als Schutz vor der 'aperen Gfrier'" – also gegen den schneelosen Frost – schreibt Wolfgang Johannes Bekh.

Manche versuchen, das Wort *aper* von lat. *aprīcus* = 'offen, sonnenbeschienen' herzuleiten, doch ergeben sich etliche Schwierigkeiten hinsichtlich Lautung und Bedeutung. Im Althochdeutschen, also vor 1000 Jahren und mehr, ist *âbar* belegt. Dies lässt sich zerlegen in die Vorsilbe *â-*, die ein Fehlen oder Nichtvorhandensein ausdrückt, und den Wortstamm *bar*. Dieser steht im Ablaut zum Verb *beran* = 'tragen' (vgl. *Bahre* 'Trage', *frucht-bar* 'Frucht tragend'). Und damit ergibt sich, ohne auf das Lateinische zurückgreifen zu müssen, für das alte *âbar* und unser heutiges *aper* unschwer die richtige Bedeutung, nämlich: 'nicht mehr (Schnee) tragend'. – Gleichfalls vom bairischen Dialektraum ausgegangen ist das Wort *Föhn*, das sich von lat. *fa(v)onius* 'wärmend' herleitet.

9

A diam hod's gweizt.
Scheinbar undurchschaubare Wörter

„A diam hod's gweizt", weiß die Uroma aus ihrer Kindheit im Bayerischen Wald zu erzählen. „A diam vostengan mi no a bor", singt die oberbayerische Liedermacherin Barbara Lexa in ihrem »Oa-Frau-Programm«. *A diam* – was bedeutet das denn?

Der Ausdruck kommt in den unterschiedlichsten Varianten vor: *a diam, an diam, diam, (a) diamol / diamoi, diamoln/ diamoin, diemalen* usw. Schauen wir uns ein paar Beispiele an für die Verwendung bei Schriftstellern: „Bal's wahr is, was an diem oa verzählt ham" (Franz von Kobell, 19. Jahrhundert). „Er erinnerte diemalen seinen Spießgesellen an das Gelübde" (Ludwig Thoma, 1897). In einem Sagenbuch von Emmi Böck (1975) lesen wir über des Nachts als „Weiz" erscheinende Verstorbene: „Diamal tun die, die sich anmelden, am Bett zupfen." Georg Lohmeier hat folgende jahreszeitliche Beobachtung aufgezeichnet: „Der heilige Benedikt / diam schon die ersten Schwaiberl schickt" – das heißt: Am Tag des hl. Benedikt (21. März) kommen bereits die ersten Schwalben von ihrem Winterquartier zurück – aber eben nicht jedes Jahr, sondern nur 'ab und zu, gelegentlich, manchmal, immer wieder einmal'.

Das ist nämlich die Bedeutung des scheinbar rätselhaften Ausdrucks. Seine Herleitung stellt allerdings ein gewisses Problem dar. Was ist denn „ein Diemal"? Hilfreich ist es, den gleichbedeutenden nordbairisch-oberpfälzischen Ausdruck *äiamol* heranzuziehen, der zum Beispiel in der sog. „Steinpfalz-Hymne" vorkommt, wo es heißt: „Äiamol hamma Erpfl ghod, äiamol niad aa" ('manchmal hatte man (genug) Kartoffeln, manchmal aber auch nicht'). „Äiamol dramst / Fliegl warn da gwachsn", so steht in einem Gedicht der oberpfälzischen Lyrikerin Margret Hölle ('ab und zu träumst du, Flügel wären dir gewachsen'). „Als Kinna hams uns zwoa streng ghaltn, / und äiamol hots gebn a Wichs", erinnert sich Fritz Morgenschweis an seine Kindheit in Sulzbach-Rosenberg. Über die „Hutzenabende" – wofür man anderswo *Sitzweil, Rockenreis* oder *Hoagarten, Hoagart, Hoagascht* sagt

9

– weiß Barbara Heinrich zu berichten: „Oach lang sans oft woardn, döi Hutza-Oumbmd. Dou hout d Hausfrau scho äiamol samgocka soogn möin: Leit, göihts hamm, d Hutzaleit wölln se niedalegn". (Übersetzung für diejenigen, die mit dem Nordbairischen nicht so vertraut sind: 'Arg lang sind sie oft geworden, die Hutzenabende. Da hat die Hausfrau schon manchmal beispielsweise sagen müssen: Leute, geht heim, die Gastgeber wollen sich niederlegen.' Zu *samgocka* siehe Kapitel 12).

Beiden Ausdrücken liegen die aus drei Teilen zusammengesetzten mittelhochdeutschen Wörter *et-ie-mal* bzw. *ie-ein-mal* zugrunde. Die Silbe *et-* steht für 'irgend' wie in *et-wa, et-was* (bair. *eppa, eppas / epps; eppa* kann auch 'jemand' bedeuten, also *et-wer*) – *ie* ist die historische Vorform unseres *je*, das auch in *je-der, je-mand, je-mals, je-tz(t)* steckt – und *(ein)mal* ist klar. Wenn man *adiam(al)* Silbe für Silbe in unsere heutige Sprache überträgt, erhält man 'irgend-je-mal', bei *äiamol* 'je-ein-mal' und beim kürzeren *äimol* eben 'je-mal'.

Von *Weiz* ist oben die Rede – auch ein schönes bairisches Wort, das nur mehr ein Nischendasein führt, ebenso das dazugehörige Verb *weizen* (auch *weierzen, weiazn*). Durch die Aussprache mit *ei* setzen sich diese Wörter klar ab von *der Woaz* = 'Weizen' (Getreidesorte). *Weiz* – das meint eine Spukgestalt, ein Gespenst, eine Geistererscheinung, Licht- oder Lautzeichen, mit denen Verstorbene die Lebenden mahnen und warnen. Man hat angenommen, dass eine arme Seele wegen ungesühnter Vergehen keine Ruhe findet und *umgehen* oder *weizen* muss. Emmi Böck, die große bayerische Sagenforscherin, berichtet, dass der Volksglaube meint, „wenn eine Weiz mit einem weißen Fleck versehen sei, so könne sie noch erlöst werden. Wenn die Weiz aber ganz schwarz sei, so wäre sie auf ewig verdammt." Sich um Mitternacht, speziell in der Christnacht, an Wegkreuzungen aufzuhalten, hat man tunlichst vermieden; denn dort musste man eine *Weiz* gewärtigen. Die „Weiße Frau" in der Burg Wolfsegg bei Regensburg ist auch so eine Weizgestalt.

Überliefert ist das althochdeutsche Verb *wizen* in der Bedeutung 'Sündenstrafen abbüßen'. Im »Glossarium Bavaricum«, einer Sammlung bairischer Ausdrücke, die der Regensburger Ratsherr, Diplomat und Dichter Johann

Ludwig Prasch 1689 drucken hat lassen, findet sich der Eintrag: „weitzen – spücken"; er übersetzt also bair. *weizen* mit dem überall verständlichen Ausdruck 'spuken'. In gleicher Bedeutung wie *weizen* wird auch *reigieren* gebraucht, wobei es sich wohl um eine lautliche Variante zu *regieren* handelt. Im »Straubinger Kalender« für das Jahr 2009 steht zu einem Beitrag über den Geislinger Hexenprozess (1689) die Anmerkung: „Es sei darauf hingewiesen, dass noch 300 Jahre später im rund 18 km entfernten Dünzling ebenfalls ein Rotleibl im Pfarrhof reigierte."

Geh weiter, Zeit, bleib steh!

Partikeln und Redewendungen

»Geh weiter, Zeit, bleib steh« ist der Titel des erfolgreichsten Gedichtbands des bekannten bayerischen Mundart-Lyrikers Helmut Zöpfl. *Geh weiter*, möchte man meinen, fordert auf zum Weitergehen, zum Voranschreiten, und wenn es im Anschluss daran heißt *bleib steh(en)*, so scheint das ein Widerspruch zu sein. Das ist aber nicht der Fall. In Herbert Rosendorfers Roman »Briefe in die chinesische Vergangenheit« wird erklärt, die Floskel „Gehen Sie doch weiter" sei „in der Umgangssprache von Min-chen (= München) keineswegs eine Aufforderung, sich zu entfernen, sie bedeutet 'Machen Sie sich keine unnötigen Gedanken darüber' oder 'Sie dürfen das nicht so wichtig nehmen'."

Geh weiter ist ein Beispiel für eine in der Sprachgeschichte gar nicht seltene Entwicklung, nämlich: dass die ursprüngliche Bedeutung gewisser Ausdrücke verblasst und sie in formelhafter Erstarrung Verwendung finden, als frei eingefügte Redeteile, die kein Satzglied darstellen (Adverbien oder Partikeln). Im Bairischen gibt es eine ansehnliche Anzahl davon.

Am bekanntesten ist die Partikel *fei*. Wenn wir sagen: „Dasst fei kimmst" oder „Der is fei gscheit bläd", dann denken wir sicher nicht mehr an die Grundbedeutung 'fein'. *Gscheit blöd, hübsch greislich* – scheinbar in sich widersprüchliche Formulierungen. Die Eigenschaftswörter *hübsch* (eigentlich 'ansehnlich, gepflegt, nett') und *gscheit* (eigentlich 'klug, intelligent') können auch als Adverbien gebraucht werden – anstelle von 'sehr, ziemlich' (siehe dazu in Kapitel 26). Diese standardsprachlichen Adverbien gehören übrigens ebenfalls in die Reihe derjenigen mit Bedeutungsentleerung, wie auch umgangssprachlich *sauber*: „De ham uns sauber bschissn. Gestern sàmma sauber z'spät ins Bett kemma". Das Adverb *gern* wird umgangssprachlich auch im Sinne von 'häufig, oft' verwendet: „An derer Kreuzung do kracht's gern.

10 —————————————————————————

Eine Aufforderung kann mit den Floskeln *Geh weida* oder *Geh zua* eingeleitet werden. Der Beginn einer Aktion oder die Eröffnung eines Fests wird mit *Auf geht's!* signalisiert. Überraschung oder Verwunderung wird mit *A geh!* oder *Geh zua!* (nordbair. *Gäih zou!*) kommentiert. Wird jemand mit einer verblüffenden Neuigkeit konfrontiert, kann *Nà sog!* ('nein, sag!') die erste Reaktion sein. *Mir gangst* oder *Mir waar's gnua* bringen Ablehnung zum Ausdruck. Ein eher resignierender Ausruf ist: *Mi host ghaut*. Verachtung einer Person gegenüber, die sich zu viel herausnimmt oder überheblich benimmt, klingt an mit: *Eahm* oder *sie schaug o!* ('ihn/sie schau an!'). Man vergewissert sich, ob der Gesprächspartner weiß, wovon die Rede ist, mit *Host mi?* (verkürzt aus: 'Hast du mich verstanden?'). Auch *glàbst* ('glaubst du') kommt als Einschub vor. „Etz hob i da's scho so oft gesagt, glabst, und du woaßt as wieda ned". Wer bereit ist, sich mit dem Gegebenen abzufinden, weil man ohnehin nichts ändern kann, stöhnt resignierend: *O mei* oder *Ja mei* ('mein' ist der Rest von *mein Gott*). Mehr lamentierend klingt der Ausruf *Des iis wos*, oder in umständlicherer Form: *Sei duad's wos* ('sein tut es (et)was').

In jüngerer Zeit hat sich die Formel *Passt schon* (*bàsst scho*) durchgesetzt als typisch bairische Entsprechung für 'Alles klar, alles paletti' oder 'Geht in Ordnung'. Bevor eine Diskussion sich unerquicklich in die Länge zieht, kann sie mit einem *Bàsst scho* abgeschlossen werden; drohender Streit lässt sich vermeiden, wenn einer rechtzeitig beschwichtigend einwirft: *Bàsst scho* (siehe dazu am Ende des Vorworts).

Erstaunen, Verwunderung, Verblüffung kommt zum Ausdruck mit den Redewendungen *Do vareck!*, *Vareck!* oder, verlängert: *Vareck Kaffeehaus!* – Erkundigt man sich nach jemands Wohlbefinden, kann die Antwort lauten: *Ned recht ràr* oder *Gor ned ràr*, womit der/die Gefragte andeutet, dass es ihm/ihr nicht besonders gut geht. In der Schwebe bleibt die ausweichende Auskunft: *Ned gsoon und ned bròòn* (nicht gesotten und nicht gebraten), was in etwa dasselbe meint wie: *Duad's scho* (tut es schon) oder *So làlà*.

Die Begrüßungs- oder Verabschiedungsformeln *Griaß di God*, *Pfiat di God* (grüße/behüte dich Gott) und *Servus* können auch gebraucht werden, wenn man mit einer peinlichen, verfahrenen oder aussichtslosen Situation konfrontiert wird. „Host scho wieda an Sechser gschriem. No Servus! – No griaß di God, d'Lokführer, hoaßt's, streikn scho wieda". Auch wortreichere Kommentare wie *Pfiat di God, scheene Gegend* oder *Pfiat di God, scheene Bäurin* passen da, ebenso *Hawedehre* ('habe die Ehre').

Mit *Hawedehre* begrüßen oder verabschieden sich nicht nur ältere Herren. Halb ironisch verwendet, hört man den Ausdruck heute wieder unter jungen Leuten, z. B. Studenten, und zwar sowohl als Grußformel als auch als adverbiell gebraucht im Sinne von 'erledigt, erschöpft'. Da kommt einer aus dem Prüfungsraum, wo er stundenlang bei einer Klausur geschwitzt hat: „Glabst, ganz hawedehre bin i", seufzt er.

Als resignierender Ausruf eignet sich auch das Götz-Zitat, verkürzt zu *Mi leckst!* oder in voller Länge. Es kann aber auch anerkennend, bewundernd gemeint sein: „D' Marion, mei Liawa, de hod vielleicht Holz vor der Hüttn, mi leckst!"

11

Gsuffa hams, und des ned wia …

Vielfältige Bezeichnungen für „Rausch"

Was kann die Folge sein, wenn einer zu tief in den Masskrug schaut, wenn er die *Måssn* in *Màssen* in sich hineinschüttet (*å* = dunkler, *à* = heller a-Laut)?

In seinem Buch »Reise durch den Baierschen Kreis«, erschienen 1784 (Fasimile-Ausgabe München 1973), urteilt der Aufklärer und ehemalige Jesuit Johann Pezzl recht verächtlich über seine Landsleute: „Die Baiern lieben den Trunk sehr. Es gibt abscheuliche Säufer unter ihnen, und wenn Handwerker oder Bauern bankrott werden, ist die Ursache gemeiniglich im Bierkruge zu suchen." Wenn man im Bayerischen Wald über einen sagt: „Der hod sein Hof an d'Went oni gsoicht", so heißt das nichts anderes, als dass er sein Anwesen versoffen hat (*oni* < *anhin* im Sinne von 'hin').

In seiner berühmten Ballade über »Die alten Rittersleut« singt Karl Valentin:

> Gsuffa hams, und des ned wia,
> aus de Eimer Wein und Bier.
> Hams dann oiss zammgsuffa ghabt,
> dann sans unterm Disch drunt gflackt.

Das ist dann wohl der finale Zustand, die Endstufe, das K.o.

Gehen wir einmal auf die sprachliche Seite der Nuancen der Alkoholisierung ein, auf die fein differenzierende Skala des Beschwipst-Seins. Der Wiener, wenn er weinselig vom Heurigen in Grinzing kommt, trägt seinen *Duljöh* heim. Hierzulande hat, wer gern *feucht isst*, einen *Seiher*, einen *Dusel*, einen *Stich*, einen *Spitz*, er ist *angespitzt, angeduselt, angedudelt, angestochen* (*o-gspitzt, o-duslt, o-dudlt, o-gstoocha*).

Ein bereits ernsthafterer Zustand liegt vor bei einem *Surrer* oder *Suri*, einem *Dampf* – früher kannte man dafür auch den Ausdruck *Dampes*. In Franz von Kobells Novelle »Der Brandner Kasper«, die vor allem in der Bearbeitung für die Bühne populär geworden ist, heißt es: „Der Boandlkramer, der hat scho a bißl an Dampes ghabt." – Über den notorischen Trinker sagt man: *der sauft/sàfft* oder *der fuadat gern noos* (er futtert nass), und jeden Tag *ziagt a an Affn hoam* (so als würde ihm der Rausch auf der Schulter hocken). Ernsthaft bedenklich ist es, wenn einer *sauft/sàfft wia-r-a Bürschtnbinta*, sich einen *Wurf* zulegt oder einen *Walgler* (*Woigla*), so dass er einen *Zünterer* (*Zintara*) hat, einen *Fetzenrausch* oder *Brandrausch* – kurz: *an Fetzn* oder *a Bràntn*. Von so einem sagt man dann: *der hod pFotzn voller Rausch* oder *pFotzn voller Trebern* – d. h. er führt sich auf *wia-r-a Trebernsau*. Wem das öfter passiert, der ist *a bsuffas Wogscheidl*.

Einen stumpfsinnigen Trinker bezeichnet man als *Bierdimpfl* – was eigentlich bedeutet: er ist quasi „ein Biertümpel", also ein ganzer Weiher voll Bier. Sitzt einer allzu lang vor seinem einen Krug, weil er sich keinen zweiten leisten kann oder will, ist er ein *Biersiader*. Und wer darauf angewiesen ist, die Reste in den Gläsern anderer Gäste auszutrinken, weil's ihm selber nicht viel leid't, der disqualifiziert sich als *Noagerl-/Noigerl-Sepp* oder *Noagerl-/Noigerl-Suzler/-Zuzler*.

Sind das nicht wahrhaft poetische Sprachschöpfungen? Ja, es ist einfach richtig, was Josef Hofmiller, der leider in Vergessenheit geratene große bayerische Essayist, geschrieben hat: „Altbayrisch ist fein. Fein sogar noch in seiner humoristischen Derbheit."

Wöidarawöll

… und andere klanglich reizvolle Wendungen

„Wöidarawöll" nennt sich die Band von Walther Stephan und Pit Butz aus Freudenberg im Landkreis Amberg-Sulzbach (vgl. MZ vom 26.02.2008: „Spongebob-Gitarre und Lederhosn-Bass"). „Wöidarawöll" – was für ein origineller Name! Nur wenige Leser werden mit dem Wort viel anfangen können. Dabei handelt es sich um einen alten bairischen Ausdruck, der in verschiedenen Varianten gebraucht wurde, heute aber nur mehr selten zu hören ist. Die vorliegende Lautform ist nordbairisch: 'wie' lautet *wöi*, und 'will' so ungefähr wie *wöll*. Der alte Knecht Wenzel, dessen Lebensgeschichte Werner Fritsch 1987 unter dem Titel »Cherubim« veröffentlicht hat, hat in seinem stiftländischen Dialekt wohl gesagt: „Es gäiht wos dara Wöll …" und „Is's wöi dara Wöll …". In der literarisierten Form, wie sie Fritsch in seinem Buch verwendet, steht: „Versteh ich die Dinge nimmer? Es geht was derer Will. Da ist nicht mehr viel drin." – „Ist es wie derer Will, die soll halt". In einer Erzählung von Emerenz Meier (aus Schiefweg im unteren Bayerischen Wald, 1874 – 1928) lesen wir: „Denk i mir was der Wöll, so geht's di nix an". Aus jüngerer Zeit stammen die folgenden Aussagen: „Do mog sei wos und da wüll, i hülf eahm scho" und „De ko hi(n)geih wo und da wäi, de findt niagads an Oawad". Die Redewendung kann also mit *wie, was, wo* oder auch mit *wer* beginnen, und der Rest ist aufzulösen als *und da will*. Dies entspricht der mittelhochdeutschen Wendung *swaz und da welle* 'was auch immer (sein) wolle', wobei das Wörtchen *und* im Sinne von 'auch immer' auftritt.

In der Oberpfalz wird *Wöidarawöll* auch als Hauptwort gebraucht, und zwar für einen Menschen, der nach dem Motto handelt: Was auch immer sein mag, mir ist es egal; ich tu, was ich will und lass mir nichts dreinreden.

Recht selten geworden, aber immer noch in der lebendigen Mundart belegbar, ist die in diversen Varianten vorkommende Redewendung *sam godika, sam guadika, sam goka*, auch *godika, gottikeit, gottwolkeit, guadekeit*. Die Bedeutung ist 'sozusagen, als ob man sagen wollte; gleichsam; das heißt; zum

Beispiel'. Die Hutzenabende, schreibt Barbara Heinrich, haben sich oft sehr lang hingezogen, „dou hout d Hausfrau scho äiamol samgocka soogn möin: Leit, göihts hamm, d Hutzaleit wölln se niedalegn" (Übersetzung in Kapitel 9). In seinem »Bayerischen Wörterbuch« zitiert Johann Andreas Schmeller den Satz: „Du lobst mir's braun Bier aso, godika, i soll dir oans zahln" ('… das heißt wohl; als ob du sagen wolltest, ich soll dir eins zahlen.'). Dass die Wendung vor 300 Jahren in Regensburg üblich war, belegt der allerletzte Eintrag in Johann Ludwig Praschs »Glossarium Bavaricum« (1689): „zamgodikä – quasi vero".

Die Erklärung ist nicht ganz unproblematisch. Mhd. *sam* bedeutet 'als ob, wie'. Aus Hahnbach im Landkreis Amberg-Sulzbach stammt folgender aktueller Beleg aus dem Jahr 2007: „Er is doch niad zur Polizei ganga, der hod nea so sam dua" ('er hat nur so getan, als ob er Anzeige erstatten wollte'). Hinter der Silbe *go(d)* vermutet Schmeller das Wort *Gott*, und die einen Nebenton tragende Silbe -*ka* könnte, meint er, Rest der untergegangenen Verbform *keit* sein (zu *keden*, ahd. *quedan* 'sprechen': *er kidit > kît > keit*). Demnach hat *sam godika* ursprünglich bedeutet: 'so als ob Gott spricht'.

Die beiden hier erläuterten Ausdrücke sind zweifellos rhythmisch reizvoll und von einer gewissen Musikalität. Solche billigt man den bairischen Mundarten ja gern zu. Mit *Diholiolio* (= 'die hol ich alle ab') liegt quasi ein gesprochener Jodler vor, wie der Schweizer Kabarettist Christian Überschall befindet. Man freut sich an herrlichen Konjunktivformen wie *do daadada dadian* ('da täte er dir derdürren' = er würde dir verdorren, vertrocknen, der Blumenstock, wenn du ihn nicht gießen würdest) oder noch reizvoller: *do dadiaradada*. Für Auswärtige schwer zu verstehen ist folgender Satz, der sechs Wörter umfasst und mit nur einem einzigen Mitlaut auskommt: *I ge a ee aa o-e* ('Ich geh ja eh auch abhin' = Ich gehe ja ohnehin auch hinunter). Auch Wörter wie *Charivari, Diridari, Ramasuri, Goggolori* oder *Ramadama* sind gute Beispiele für die besondere klangliche Qualität des Bairischen.

13

Geh, dua ma's in a Rogl nei.

Tüten und andere Behältnisse

Ein Freund von mir ist als Bub in eine recht peinliche Situation geraten. Beim Dorfkramer hat er für die Mutter verschiedene Kleinigkeiten eingekauft, die er nicht alle im Arm heim tragen konnte. Darum sagte er zu der jungen und feschen Verkäuferin: „Kànnt i vo Eahna bittschön – a Dittn hom?" Sie kriegt einen roten Kopf – und legt schützend ihre Hände vor die Brust. Da kapiert der Bub, wie die junge Frau sein Begehren verstanden hat. Passiert ist das, weil er die ihm geläufige bairische Bezeichnung *Rogel* vermieden und dafür das schriftdeutsche Wort *Tüte* verwendet hat, bloß eben mundartlich ausgesprochen. (Übrigens: Wozu die Norddeutschen *Titten* sagen – die süddeutsche Entsprechung ist *Zitzen* –, das sind in Altbayern die *Dutten* oder *Dutteln*).

Interessant ist, was J. A. Schmeller in seinem »Bayerischen Wörterbuch« (1. Auflage 1827–1837) beim Stichwort *Rogel* ausführt: „Geld-Rogel: steifes, in Form eines hohlen Cylinders gebrachtes Papier, welches gleiche Münzstücke aufnimmt; Geldrolle". In einem mittelalterlichen Vers findet sich das Wort in der Bedeutung 'Gefäß, Inbegriff: „Frawe min, du rogel aller sinn". Heute gebrauchen wir *Rogel* ganz prosaisch als Synonym für *Tüte*, und zwar für eine relativ große, breite, die nach unten zu nicht schmäler wird. Auch eine Tragetasche aus Kunststoff kann *Rogel* genannt werden.

Wenn Eugen Oker (d. i. Fritz Gebhardt aus Schwandorf, † 2006) in seinem autobiographischen Roman »Lebensfäden« schreibt: „Jede Tüte, Stranitze oder Rogel ist in den Tischschubladen gekommen", so deutet das auf eine begriffliche Differenzierung der drei Ausdrücke hin. Nur die papierene Spitztüte heißt *Stranizn, Stranizl* – oder, je nach Gegend, *Stramitzl, Stamitzl, Scharmitzl, Scharnitzl*. Wegen ihrer Ähnlichkeit in der Form kann in witziger Übertragung auch die Bischofsmütze (Mitra) *Stranizn* genannt werden. Die verschiedenen Spielarten des Wortes verweisen auf Herkunft aus it. *scarnuzzo*, was 'Innenseite eines Tierfells' bedeutet (von lat. *excarnare* 'das

Fleisch von der Tierhaut entfernen'); im Ladinischen des Grödnertals nennt man die Tüte *scarnus*. Waren die Vorläufer von Tüten vielleicht lederne Beutel? Auch das Pergament, auf das man vor der Erfindung des Papiers geschrieben hat, wurde aus Tierhäuten hergestellt. So ist wohl zu erklären, dass *straniza* im Russischen 'Buchseite' und 'Tapete' bedeutet. Sowohl bair. *Stranize* als auch russisch *straniza* könnten auf die erwähnte italienische Wurzel zurückgehen.

Eine Entlehnung aus dem Russischen ins Bairische ist recht unwahrscheinlich. Das Tschechische aber, ebenfalls eine slawische Sprache, liegt in unmittelbarer Nachbarschaft. Von dort stammen etwa: *Kolatschen* oder *Golatschen* 'süßes quadratisches Gebäck mit eingeschlagenen Ecken und Füllung' (tschech. *koláč* = Kuchen), *Bawalatschen* (in Österreich *Pawlatsche(n)*): 1. 'Bretterverschlag', 2. 'wackeliges Gerüst, Gestell', 3. 'provisorische Bühne', 4. 'baufälliges Haus' (tschech. *pavlač* = 'Gerüst, Gestell, Hausumgang'); *Kren* 'Meerrettich' (tschech. *křen*), und der erste Teil von *Dobernigl, Doberling*, wie man im Bayerischen Wald für 'Steinpilz' sagt (tschech. *dobrý* 'gut, schön' oder *dub* 'Eiche'; die unter Eichen wachsenden Steinpilze sind besonders geschätzt). Möglicherweise ebenfalls aus dem Tschechischen oder aus einer anderen slawischen Sprache entlehnt ist ostoberdeutsch *Zille* 'Flusskahn' (mhd. *zülle*, tschech. *člun*, slowen. *čóln*). Sicher auf eine slawische Wurzel zurückzuführen ist *pomadig* ('gemächlich, bequem, faul', auch 'gewieft, geschickt'). Russisch *pomalu* bedeutet 'träge, langsam'; in volksetymologischer Anlehnung an *Pomade* wurde daraus unser Eigenschaftswort. „So einfach, so pomadig wie heut wird die Pilgerei nicht fortgehen", kommentiert der Erzähler in Carl Amerys Roman »Die Wallfahrer« die Pilgerreise des Gropp. Das Wort *Strizzi, Strizi* sieht aus, als käme es aus dem Italienischen. Wahrscheinlicher ist der Zusammenhang mit slawisch *stryz*, was 'Vetter' bedeutet, aber auch 'Lustknabe'.

Noch einmal zurück zu 'Tüte'. Zwei weitere Bezeichnungen dafür gibt es in Bayern. Bei beiden handelt es sich um eine Fortentwicklung von Wörtern aus dem Lateinischen bzw. Italienischen. *Gucken (Gugkn, Gugk)* geht auf lat. *cucullus* = 'Kapuze' zurück – wie auch *Gugelhupf* und *Gugelmänner* (bayerischer Geheimbund). Ein Nisthäuschen für Vögel kann ebenfalls *Gucken* heißen, z.B. *Staarlgugkn* (Starenkasten). In Schwaben sagt man zur

Tüte *Gstattl*. Das ist eine lautliche Umbildung aus it. *scatola* – was übrigens auch zu den standardsprachlichen Wörtern *Schachtel* und *Schatulle* geführt hat.

Das Behältnis, in dem die Hausfrauen ihre Einkäufe heim tragen – ein Handkorb oder eine sackähnliche Tasche aus Stroh oder Bast, oft mit zwei Trageringen aus Holz oder Eisen – heißt im Bairischen *Segerer* oder *Seger, Zeger, Zöger, Zecker, Zeckerer, Zegerer*. „Aus ihrem Zögerer zog sie einen weißen Wachsstock", lesen wir bei Eduard Stemplinger, und bei Wolfgang Johannes Bekh: „Einen Obstler holte Agnes dann aus ihrem Zöger".

14

Der Butter, die Gaudi, das Teller
Von der Standardsprache abweichendes Genus

Den Butter legen wir auf *das Teller*, so halten wir's in Altbayern, auch wenn die Standardsprache für *Butter* weibliches und für *Teller* männliches Geschlecht vorschreibt. Seht ihr, sagen die Schulmeister und sonstige Gscheitmeier, das Bairische liefert wieder einmal falsches Deutsch. Völlig daneben! Genau anders herum ist es: Eher fragwürdig ist da und dort das in der Hochsprache geltende grammatische Geschlecht.

Butter geht zurück auf altgriechisch βούτυρον (*boutyron*), ins Lateinische entlehnt als *butyrum*. Wie die Endungen ausweisen, liegt sächliches Geschlecht vor. In den aus dem Lateinischen hervorgegangenen romanischen Sprachen sind alle Substantive entweder männlich oder weiblich; alte Neutra wurden zu Maskulina. Darum heißt es im Französischen *le beurre*, im Italienischen *il burro* – entsprechend im Bairischen *der Butter*. Gestützt wurde das männliche Geschlecht durch *der Anken, der Schmer*, die alten Bezeichnungen für das aus Kuhmilch erzeugte Fett (ahd. *kuo-smero*). Das weibliche Geschlecht, also standardsprachlich *die Butter*, erklärt sich so, dass das lateinische Wort in der Mehrzahlform *butira* übernommen und deren Endung als Merkmal weiblicher Substantive aufgefasst wurde. – Ähnliches geschah mit lat. *gaudium* (Freude), dessen Plural *gaudia* man als Femininum übernahm, was zu frz. *la joie*, it. *la gioia* geführt hat – und zu bair. *die Gaudi*.

Dem deutschen Wort *Teller* liegt altfranzösisch *tailleor, tailleoir* zugrunde, womit das Brett bezeichnet wurde, auf dem man vor den Mahlzeiten die Speisen zerschnitt (frz. *tailler* 'schneiden'). Um zu verdeutlichen, um was für ein Ding es sich handelt, fügte man im Deutschen das Wort *Brett* an: *tailloir-brett* (Tautologie). Von *das Brett* stammt das sächliche Geschlecht, das sich im Bairischen erhalten hat, auch nachdem das Wort auf *Teller* verkürzt worden war. Vom französischen Ausgangswort her erklärt sich auch der im Bairischen auftretende Vokal *à* (hell); die Dialektlautungen *Dàlla* (nordbair.), *Dàia* (mittelbair.) entsprechen der mittelhochdeutschen Form *tæler*, was eigentlich zu neuhochdeutsch *Täller* werden hätte müssen. *Das Tunell*, sächlichen Geschlechts und mit Betonung auf der 2. Silbe (< altfrz. *tonel* 'Tonne, Fass, Gewölbe'), konkurriert mit *der Tunnel* (< engl. *tunnel*). „Na fahrts durchs Tunell durchi und glei bei der nächstn Ausfahrt aussi", lautet eine Wegbeschreibung (*durchi* = durchhin 'hindurch').

Bei *Radio* ist das grammatische Geschlecht ebenfalls bestimmt durch das ehemalige Grundwort: Auf *Radio-Apparat* basiert das im Bairischen gängige männliche Genus *der Radio*, auf *Radio-Gerät* aber *das Radio*, wie in der Schriftsprache üblich. Wenn es im Bairischen *der Kartoffel* heißt, so wurde das Geschlecht der älteren Bezeichnung *Erdapfel* auf das neue Wort übertragen. (Übrigens: *Erdäpfel* ist in unseren Mundarten noch lebendig; in Österreich ist das Wort hochsprachlich.) Weniger einsichtig ist, warum wir *das Monat* und *der Zwiefel* sagen. Wohl in Anlehnung an *der Tag* heißt es im Dialekt meist *der Datum*. Irgendwie zeigt das Bairische eine gewisse Vorliebe für das männliche grammatische Geschlecht.

Wie erklärt sich, dass man in Altbayern *der Schokolad* (*Schoglàtt*; vgl. frz. *le chocolat*), *das Marmelad*, *das Limonad* sagt und nicht *die Schokolade, Marmelade, Limonade*? Zu den Merkmalen des Süddeutschen gehört es, dass unbetonte *e*-Laute verschwinden. Demnach wird *-ade* zu *-ad* oder *-at*, und diese Endung legt nahe, dass es sich bei solchen Wörtern nicht um Feminina handelt (vgl. *Format, Fabrikat, Spagat*). Auch die Kurzform *Limo* ist sächlich, und wenn es *das Limo* heißt (wie *das Kracherl, das Springerl*), dann auch: *das Cola, Fanta, Sprite* usw. Ähnlich ist es bei *das Eck, der Spitz, der Dachpapp, das Panat, der Petersil (Peterl)* – gegenüber hochsprachlich *die Ecke, Spitze, Dachpappe, Panade, Petersilie*. Statt 'die Wespe' sagt man in Altbayern *der Weps*, auch *Wess* (Assimilationsform). Einen vergleichbaren Umsprung des Geschlechts aufgrund des Wortausgangs entdeckt man in der Hochsprache beim Wort *Salat*: im Deutschen männlich – trotz Herkunft aus it. *(in)salata*, weiblich. (*Ober-, Unter-*) *Kiefer* wird in Dialekt und Umgangssprache meist als Neutrum verwendet: „Er hat sich das Unterkiefer gebrochen". – Zu *ein Weißes* oder *eine Weiße* für 'Weizenbier' siehe in Kapitel 43.

65

14

Dutzende weiterer Hauptwörter ließen sich anführen, bei denen das grammatische Geschlecht schwankt und je nach Region unterschiedlich ausfällt. Auch wenn man in anderen Gegenden Deutschlands *das Gaudi, die Taxe* (Mehrzahl *Taxen*) und *der Schneid* ('Mut') gebräuchlich ist – wir bleiben dabei: Wir haben *eine Gaudi*, steigen in *das Taxi* (Mehrzahl *Taxis*) – und lassen uns *die Schneid* nicht abkaufen.

15

Kents engane Kirzn o, Buam!

Über *ankenden, keien, ees* und *enk*

„Kents engane Kirzn o, Buam!", so fordert in der Sakristei der Pfarrer seine Ministranten vor dem feierlichen Einzug in die Kirche zum Entzünden der Kerzen in ihren Händen auf. *Kents* ist die Befehlsform 2. Person Mehrzahl, und diese endet obligatorisch auf *-s*, das mit dem deutschen Flexionssuffix *-(e)t* zu *-ts* verschmilzt. Dieses *-s* ist die Kurzform des bairischen Pronomens *ees* für 'ihr' (2. Person Plural). Der 3. und 4. Fall dazu lautet *eng, enk* (für 'euch'), und für 'euer' steht bair. *enga, enka*. Selbst wenn man das Wort *anzünden* gebraucht, steht die Endung *-s* als unverzichtbares Element der bairischen Grammatik. Ein jüngerer Pfarrer würde wohl eher sagen: *Zints eire Kerzn o!* (Übrigens bildet *zünden* im Dialekt die Vergangenheit unregelmäßig wie ein starkes Verb: *Habts as scho o-zuntn?* – nicht *o-zindt* oder *anzündt*.) Dass hochsprachlichem *er* im Dialekt *ir, ia* entsprechen kann, ist im Kapitel 4 erklärt (*Kirzn < Kerze(n)* wie *Hirba < Herberge*).

Bairisch *ankenden, o-kentn* bedeutet dasselbe wie hochsprachlich *anzünden*. Die beiden Wörter scheinen miteinander verwandt zu sein, und auch mit lat. *(in)cendere*. Verblüffend ist die lautliche Nähe zu den isländischen Wörtern *kynda, kynding, kyndill*, die 'heizen, Heizung, Fackel' bedeuten; letzterem entspricht im Althochdeutschen *kentila* ('Fackel, Kerze'; vgl. lat. *candere, candela*, wozu auch engl. *candle* (Kerze) passt). *Kenden* = 'heizen' ist in Altbayern mittlerweile veraltet. Im 19. Jahrhundert hörte man laut Schmeller noch: „De Stubm is net zun Dakentn" (die Stube ist nicht warm zu bringen), und im Bayerischen Wald hat man die 'Kienfackel' *Kent* genannt.

In bestimmten Gegenden Bayerns bezeichnet man heute noch den 'Kamin' als *Kenter* oder *Kintl*. Zum 'schwarzen Mann' (der im Norden *Schornsteinfeger* heißt) sagt man dort *Kenter-* oder *Kintlkehrer (-kiara)*. In Bayern schriftsprachlich ist *Kaminkehrer*, in Österreich *Rauchfangkehrer*. Bei uns ist *Raufang-, Raafangkiara* nur in den Mundarten verbreitet, in der Oberpfalz auch *Schlotfeger (Schloudfecha)*.

Abenteuerlich wie ein sprachgeschichtlicher Krimi klingt die Bedeutungsentwicklung des mundartlichen Verbs *keien (kein, keia)* im Sinne von 'werfen, schmeißen, schleudern'. Auszugehen ist von *geheien*, woraus nach Ausfall der unbetonten *e*-Laute *ghein, kein* wird (vgl. die mundartliche Aussprache *kerig* für 'gehörig'). Zugrunde liegt ahd. *(ge)hîan*, was 'heiraten' bedeutet, und zwar damals, vor tausend Jahren, im Sinne des körperlichen Vollzugs der Ehe. Dann hat sich die Bedeutung zunehmend verengt und verschlechtert. Im 14. Jahrhundert schiebt sich der Aspekt der Gewalt zunehmend in den Vordergrund: 'aufs Kreuz legen, vergewaltigen, schänden', später dann 'misshandeln, quälen'. Noch bis ins 19. Jahrhundert hinein hatte *geheien (keien)* einen anrüchigen Beigeschmack. Aus der Bedeutung 'gewaltsam Beischlaf erzwingen, flach legen, hinwerfen' ist schließlich 'werfen' übrig geblieben (nach Werner König und Manfred Renn). Heute wird das Wort ohne negative Konnotation verwendet. „Des Glump derfst wegga kein (keia). Kei 's ins Eck hintri!" hört man, oder beim Kartenspielen „Wer keit aus?" In und um Regensburg gibt es die Spielart *keilen* – wohl deshalb, weil man meint, es habe etwas mit *Keil* zu tun. Wer würde schon vermuten, dass es mit *heiraten, heiern* zusammenhängt?

Schade ist es, wenn derlei mundartliche Ausdrücke, die der Hochsprache fern stehen, immer seltener werden. Wenn jemand neben dem Schriftdeutschen auch einen Dialekt beherrscht, so ist dies ein Privileg, eine Zusatzqualifikation, eine Bereicherung – keinesfalls ein Defizit. Eltern, Kindergärtnerinnen und Lehrkräften, allen, denen Kinder und Jugendliche zur Erziehung anvertraut sind, sei die Erkenntnis ans Herz gelegt: „Dialekt macht schlau" (siehe dazu im Vorwort).

16

Auf bairisch heißt „bayerisch" *boarisch.*

Die zweierlei Entsprechungen für hochsprachliches *ei*

Eines der markantesten Kennzeichen der Dialekte in Altbayern ist der Zwielaut *oa* anstelle von hochsprachlich *ei*: *oa Oa(r), zwoa Oa(r), a gloana Stoa, a Stoandl, Boandl, hoaßn, Goaß, dahoam, Hoamad, den hod da Bliiz gstroaft* usw. 'ein Ei, zwei Eier, ein kleiner Stein, kleiner Knochen, heißen, Geiß, daheim, Heimat, … der Blitz gestreift'. Ein Dialektunkundiger könnte nun fälschlicherweise annehmen, die erkannte Umsetzungsregel dürfe auf alle Wörter mit schriftsprachlichem *ei* angewandt werden. Arg blamieren würde er sich allerdings, wenn er in dem ehrenwerten Bemühen, den bairischen Dialektklang zu treffen, zählen würde: *oans, zwoa, droa.* Und wie soll er sich erklären, dass zwar *schreien* oder *scheißen* mit *ei* gesprochen werden, die von ihnen abgeleiteten Hauptwörter aber mit *oa*, nämlich *Schroa, Gschroa, Schoaß*?

Siehst du, könnte der gelackmeierte Mundartdilettant wettern, im Bairischen geht eben alles durcheinander, der Dialekt ist chaotisch und verworren, eben doch nur eine heruntergekommene Abart des Deutschen. Weit gefehlt! Genau das Gegenteil ist der Fall: Sprachgeschichtlich sind die süddeutschen Dialekte wesentlich korrekter als die Hochsprache; die Mundart unterscheidet heute noch exakt zwischen dem *ei* des Alt- und Mittelhochdeutschen und dem jungen *ei*, das erst im späten Mittelalter aus dem langen *î* entstanden ist. Im süddeutschen Raum hat sich das alte *ei* fortentwickelt zu *oi* (wie es im Schwäbischen gilt und teilweise auch im Nordbairischen), dieses im Bairischen dann zu *oa*. Im Wienerischen und in anderen Dialekten Österreichs wurde daraus *aa* (*dahaam, haaß, Laberl, Schaaß*). Das junge *ei* wird auch im Dialekt als *ei* (genauer *ae*) gesprochen. In der Hochsprache aber sind altes und junges *ei* zusammengefallen, so dass *weiß, meine* entweder Zeitwortformen sind (sie weiß, ich meine) oder Eigenschaftswort (weiße Farbe) bzw. besitzanzeigendes Fürwort (meine Frau); mit *Weide* kann sowohl 'Viehweide' als auch 'Weidenbaum' gemeint sein. Wo die Standardsprache nivelliert, führt unser Dialekt die alten Laut-

16

verhältnisse getreu fort: *(sie) woaß* – *(de Wand is) weiß*, *(i) moan* – *meine (Kinder)*. Wortpaare wie *weit – breit, steigen – zeigen, feig – Teig, streichen – seichen, (ich) greife – Seife* reimen sich hochsprachlich einwandfrei, im Dialekt jedoch nicht. Im jeweils ersten Wort liegt nämlich junges *ei* vor und damit bair. *ei*, im zweiten aber altes *ei*, welchem bair. *oa* entspricht bzw. nordbair. *oi* bei mehrsilbigen Wortformen: *broad, zoang, Doag, soacha, Soaffa* bzw. *soichn, Soiffm*. In diesen Zusammenhang passt auch das oberpfälzische *Zoiglbier. Zoigl* bedeutet nichts anderes als 'Zeiger, Zeichen' (siehe dazu in Kapitel 43).

Nur in wenigen Einzelfällen verrät die Rechtschreibung die unterschiedliche Herkunft, so etwa wenn sich *Seite* orthographisch abhebt von *Saite*, oder *Leib, Weise, Leiche* von *Laib, Waise, Laich*. Wo die Orthographie *ai* setzt, kann man sicher sein, dass altes *ei* vorliegt. In der Hochsprache klingen solche Wortpaare gleich, nicht jedoch im Dialekt, der klar unterscheidet, ob im mittelalterlichen Deutsch langes *î* vorlag oder aber der Diphthong *ei*: *Seitn, Leib (Leiberl, leibhaftig), Weis (aus der Weis, zitzerlweis), Leich* – aber *Soatn (andere Soatn aufziang), (Brot-) Loab (Loawal), Woasal* ('Waisenkind'), *(Frosch-) Loach (loacha)*.

Einige weitere Wörter mit altem *ei*: *eins, eine, einer, zwei, kein, klein, Weizen, Meister, Eiche, Schweif, Seife, heiß, Gemeinde, reisen, schweißen, zeigen, heikel, allein*. Der heute um sich greifende Dialektabbau, d. h. die Annäherung der Mundarten an die Schriftsprache, bringt allerdings mit sich, dass immer mehr Wörter mit *ei* gesprochen werden, obgleich ihnen die *oa*-Aussprache zukäme: *Kreis, Kleid, Seil, Teil, teilen, heilen, Maier (Meier, Mayr usw.), Kaiser, Mai* und viele weitere. Bei jüngeren Wortbildungen fällt das besonders auf; *Heizung* neben *hoazn* sei ein Beispiel dafür. Nach wie vor aber bleibt's dabei: Eine Eisstockmannschaft ist eine *Moarschaft*; wenn man ein mulmiges Gefühl hat und einem unheimlich zumut wird, sagt man „Mir wird's ganz *zwoaraloa*" – und 'bayerisch/bairisch' heißt auf bairisch *boarisch*.

A so a Lattirl

Eine Portion abfälliger Bezeichnungen

Latti(e)rl ist eine abfällige Bezeichnung für einen Mann. In der Literatur finden sich beispielsweise folgende Belege: „Koa Halbe Bier, koa Glaserl Wein! Grad a Limonad verlangt der Herr Major! Dös muaß a schöner Latierl g'wen sein" bei Eduard Stemplinger, und bei Maximilian Waldschmidt: „So an Lattierl wer i mei Fleisch und Bluat anvertraun!" Zur Bedeutung bieten die diversen Wörterbücher des Bairischen folgende Angaben: 'Trottel, langweiliger, unbeholfener, willensschwacher, einfältiger, weichlicher, weinerlicher Mann, Tölpel, Einfaltspinsel, Waschlappen, Pantoffelheld, Simandl, von seiner Frau beherrschter Ehemann'.

Wie lässt sich das Wort erklären? Reinhold Aman nimmt in seinem »Bayerisch-österreichischen Schimpfwörterbuch« an, das Wort sei hergeleitet aus *Ladindl*, also 'Ladiner', romanischsprachige Bewohner Südtirols, wo es in den abgelegenen Hochtälern aufgrund von Heiraten unter Blutsverwandten viele Schwachsinnige gegeben haben soll. Andere setzen *Latinulus* an, 'kleiner Lateiner', was in die gleiche Richtung verweist. Damit stünde das Wort in einer Reihe mit anderen xenophobischen, also ursprünglich fremdenfeindlichen Ausdrücken wie *Böhmack, Krawat, Schlawiner, Schlawack, Polack, Russ, Chines* und auch *Breiss (Preuß)* (Bewohner von Böhmen, Kroatien, Slowenien, Slowakei, Polen, Russland, China, Preußen). Gegen die Herleitung vom Wortstamm *Ladin, Latin* spricht allerdings ganz entschieden die Betonung auf der ersten Silbe und auch, dass sich das lange *i* nicht zum Zwielaut entwickelt hat; es wäre eher *Ladéindl* zu erwarten. Folgen wir daher lieber Johann Andreas Schmeller, dem Großmeister des Bairischen. Er sieht das Wort als Zusammensetzung mit *Didel, Di'l* – wie *Hopperdidel (-di'l), Dideldapp (Di'l-)*, die ungefähr dasselbe bedeuten. Und die erste Silbe von *Lattirl* könnte ein Wort sein, das ebenfalls 'Trottel' bedeutet, 'Mann, der sich alles gefallen lässt, Lahmarsch, Lalli, Laffe': nämlich *Lapp*. („An jedn Lappn gfallt sei Kappn, a jeder Kramer lobt sei War" lautet eine Redensart.) So betrachtet, könnte *Lattirl* aus der Verschmelzung von zwei annähernd gleichbedeutenden abfälligen Bezeichnungen hervorgegangen sein: *Lappdidel* > *Latti'l*. Dass heute der Zwielaut *ia* gesprochen wird, ist wohl erfolgt in Anlehnung des undurchschaubaren Worts an *-türl* (zu 'Tür'). Deswegen kommt neben *der Lattirl* auch das sächliche Geschlecht vor: *das Lattirl*. Ein Zusammenhang mit *Törlein* (kleiner Tor = Narr), wie ihn Franz Ringseis in seinem »Neuen bayerischen Wörterbuch« vermutet, erscheint verfehlt, da das Wort im Bairischen nicht vertreten ist, es sei den in *doarad, dourad* = 'schwerhörig, taub'.

Erstaunlich, wie viele weitere abfällige Bezeichnungen sich im Alphabet unter dem Buchstaben „L" finden: neben *Laff(e), Lahmarsch, Lalli, Lapp, Leidschwanz (Load-), Letfeige(n), Lippi (Lippl)* auch *Loamsiader*, worauf hier kurz eingegangen werden soll. Den Beruf des *Leimsieders* hat es wohl gegeben, und die Herstellung von Leim aus Knochen mag zeitaufwendig und langweilig gewesen sein. Aber weshalb sollte ein dieses Gewerbe Ausübender zum Inbegriff des unbeholfenen, langweiligen, energie- und antriebslosen, trägen Menschen geworden sein? Irgendetwas stimmt da nicht: 'Leim' (Klebstoff) wird nämlich auch im Bairischen *Leim* ausgesprochen (mhd. *lim*) – und *Loam* bedeutet 'Lehm' (mhd. *leim*). Wer wird denn schon Lehm gesotten haben? Die Ausspracheform *Loamsiada* bleibt rätselhaft. Sobald das Wort geschrieben erscheint, merkt man nichts mehr von der *ei/oa*-Problematik. 2003 stand in der Zeitschrift »Unser Bayern« folgender Satz: „Henriette Adelaide muss temperamentvoll, eigenwillig und musischer gewesen sein als der leimsiederische Kurfürst Ferdinand Maria".

Von den aufgeführten Synonymen für *Lattirl* sei noch eines herausgegriffen, nämlich *Siemanndl, Simandl*, womit ein 'Pantoffelheld' gemeint ist, ein 'Ehemann, der sich von seiner Frau alles gefallen lässt'. Gemeinhin wird angenommen, das Wort setze sich zusammen aus *sie* und *Manndl*, was durchaus Sinn ergibt: Eine Sie herrscht über das Männchen. In Wirklichkeit aber ist *Simandl* die inzwischen außer Gebrauch gekommene mundartliche Koseform zu *Simon* (altmundartlich *Simman*). Anderen Vornamen ist es ähnlich ergangen. Zum Beispiel können *Girgl, Hiasl, Leal (Lia'l, Läi'l), Lippl, Sepperl, Xaverl* (zu 'Georg, Matthias, Leonhard, Philipp, Josef, Xaver') als abfällige Bezeichnung für männliche Personen gebraucht werden, und für weibliche: *Durl, Gretl, Màtz, Urschl, Wam, Zenz* (zu 'Dorothea, Margarete, Machthild (Mechthild), Ursula, Barbara, Kreszentia'). Mit *Kletzen* ('getrocknete Birnen') kombiniert finden sich Kurzformen der Vornamen 'Josef, Benedikt': *Kletzen-Beppi, -Sepp(erl), -Beni.* Ähnlich wie *Hund* (dazu in Kapitel 35) kann *(die) Màtz* einerseits als Schimpfwort verwendet werden, andererseits aber auch anerkennend; von einem gewandten, raffinierten Menschen sagt man: „A Màtz is a scho!" Wenn jemand „a Màtz macht", so heißt das, dass er die anderen übervorteilt, ausgetrickst hat.

Noch ein paar weitere abfällige Ausdrücke für einen Menschen: *Hamperer* (eigentlich 'Handwerksbursch', dann auch 'Landstreicher, verwahrloster Mensch') und *Gràttler* (*Kràttler*, ursprünglich 'fahrender Händler', wohl zu ahd. *kratto* 'Korb' oder it. *carretta* 'Karren'). Aus Österreich zu uns gekommen ist das Synonym *Sàndler*. Eine verwahrloste oder moralisch anrüchige Frauensperson ist ein *Gràttler-* oder *Schindermensch*, eine *Schindermàtz* (*Schinder* 'Abdecker, Wasenmeister'; *das Mensch* 'weibliche Person', z. B. *Kuchlmensch* 'Küchengehilfin'). Ältere Leute qualifizieren einen jungen Burschen ab, wenn sie ihn als *jungen Spritzer, Dutterer, Spund* oder als *Rotzlöffel* bezeichnen. Unsolider Lebenswandel wird einem *Strizi* nachgesagt (siehe dazu in Kapitel 13). Der *Stenz* ist entweder ein selbstgefälliger Geck, ein *Gigerl*, oder ein arbeitsscheuer Müßiggänger. Auch einen Frauenhelden oder *Weiberer* kann man als *Stenz* bezeichnen.

18

Von Bären, die nicht brummen, und Vögeln, die nicht singen

Bärwurz, Saubär und *Pfeffergockel*

Was wohl der *Bärwurz*, der berühmt-berüchtigte Schnaps aus dem Bayerischen Wald, mit dem Braunbären zu tun hat, der da auf so manchem Etikett zu sehen ist? Überhaupt nichts. Die Doldenblüten-Pflanze, deren Wurzel-Destillat dem Schnaps die Würze verleiht, heißt bei uns *Bärwurz*, ursprünglich *Gebärmutterwurz*, weil man sie früher als Heilmittel bei Frauenleiden angewandt hat. Nach dem Ausfall von unbetontem *e*, einem im Bairischen geltenden Lautgesetz, schrumpfte *Gebär* (über nicht sprechbares *Gbär*) zu *Bär*, und *Mutter* blieb ganz weg.

Auf ähnliche Art ist übrigens auch *Gremess* entstanden, die mundartliche Bezeichnung für 'gemeinsames Mahl der Trauergäste nach einer Beerdigung, Leichtrunk', selten auch für 'Seelengottesdienst'. Das Wort *Messe* steckt hier genau so wenig drin wie in *Messner* (so nach der Neuregelung der Rechtschreibung für *Mesner*, der im Mittelhochdeutschen *mesnære* hieß und entlehnt ist aus lat. *mansionarius* 'Hüter des Hauses'). *Gremess* ist die mundartliche Lautform von *Begräbnis*, entsprechend den Regeln der bair. Sprachentwicklung, nämlich: *begr* > *bgr* > *gr* und *bn* > *m* (vgl. *leben* > *lem*).

Wenn man einen Schmutzfink als *Bär* bezeichnet, so liegt darin kein Vergleich mit dem Braunbären vor. Warum auch sollte „Meister Petz" als Inbegriff des Dreckigen gelten? Vielmehr zieht der Volksmund den *Eber* = *Saubär* heran, gelten doch Schweine, weil sie sich im Schlamm suhlen, als besonders schmutzige Tiere. In unserem heutigen *Bär* sind zwei Wörter zusammengefallen: mhd. *ber* (ahd. *pero*) als Bezeichnung für den Braunbären und mhd. *bêre* für den Zuchteber, also den Saubären.

Abfällig wird ein männlicher Zeitgenosse in unserer Gegend oft *Bärner (Beana)* genannt. Auch dieses Wort meint ursprünglich den 'Eber', im übertragenen Sinne dann 'unflätiger, sittenloser Kerl' oder auch ganz einfach 'ungehobeltes Mannsbild'. Toni Lauerer verwendet das Wort gern in seinen

Geschichten, wenn ein Bub als „faaler Berner" abqualifiziert wird, oder: „Da lachte der Metzger und sagte: 'Habe d'Ehre, Sepp, du Berner, du greislicher!' Sepp, der Berner, freute sich sehr über die nette Begrüßung".

Von *(Sau-) Bär* hergeleitet ist das Verb *bären*, auch *bärnen*. Zweierlei Bedeutungen hat es. Die eine: 'ausschweifend leben, sexuell sehr aktiv sein', sich also wie ein *Bär* = 'Zuchteber' verhalten. „Ganz owibärt schaut er wieder aus, der Hans", d. h. 'recht verhurt sieht er aus'. Ist halt ein rechter *Geilbär (Gàibär, Gàlbärner)*. Die zweite Bedeutung von *bären* ist: 'verschmutzen, unsachgemäß behandeln, herunterwirtschaften'. In Eugen Okers Roman »Lebensfäden« ist irgendwo vom Putzen der Schuhe die Rede, und da heißt es: „bis sie wieder picobello sauber gewesen sind und der Herr Strehle sie am nächsten Tag wieder anbären hat können". Wenn eine Sache *owa- (abher-), owi- (abhin-)* oder *runter(ge)bärt* worden ist, dann ist sie verdreckt, hat Schaden genommen durch Nachlässigkeit oder unsachgemäßen Gebrauch. „Dei Hosn host awa ganz schee owibärnt", entrüstet sich die Mutter, wenn der Bub heimkommt vom Spielen im Wald. *Zamm- (zusammen-) bären* ist noch stärker, es bedeutet 'endgültig zugrunde richten'. – Das Eigenschaftswort *bärig* im Sinn von 'großartig, pfundig' kann schwerlich auf 'brünstig (bei Schweinen)' zurückgeführt werden. Wenn von einem „bärigen Wetter" die Rede ist oder jemand sagt: „Heut bin i bärig beinand", dann darf man annehmen, dass es eher mit dem beeindruckend kräftigen und imposanten Braunbären zu tun hat (vgl. *bärenstark*).

Ein *Pfeffergockel* hat mit einem Gockelhahn nichts gemeinsam. Es handelt sich um eine scharf gewürzte Wurstsorte, ähnlich einem Presssack oder Schwartenmagen. Die *Saumeisen (Saumoasn)*, eine geschätzte Wachauer Spezialität (Hackfleisch in Netzgewebe), hat mit dem Singvogel nicht das Geringste zu tun. Und dass die *Käsespatzen (Kaasspoozn)* genauso wenig tschilpen wie ihre schwäbischen Verwandten, die *Spätzle*, ist klar. 'Rinds- oder Kalbsrouladen' sind in Bayern *Rindsvögerl* bzw. *Kalbsvögerl*. Hier spielt wohl die an einen (gerupften) Vogel erinnernde Form eine Rolle. – Nicht alle *Gimpel* können fliegen. Einmal meint das Wort den Vogel, der auch 'Dompfaff' heißt, zum anderen wird ein einfältiger, vertrauensseliger Mensch so genannt (weil er quasi leicht zu fangen ist) oder ein eingebildeter, ungezogener Bursch.

Sind die Baiern maulfaul?

Bairisch ist ein eigenständiges Sprachsystem

Das Bairische stellt in vielerlei Hinsicht ein völlig eigenständiges System dar, das von der Hochsprache weitgehend unabhängig ist. Viele mundartliche Lautformen lassen sich nicht von der Schriftsprache herleiten; man muss sie kennen. Für Unkundige ist es beispielsweise nicht durchschaubar, warum *gehen, drehen, sehen* im Dialekt jeweils unterschiedliche Lautungen aufweisen, nämlich: *geh, draan, seng,* oder warum *liegen* und *biegen* sich im Dialekt nicht reimen (*liing – biang* bzw. nordbair. *bäing, boing, buing*), ebensowenig *Zug – Krug* (*Zuug – Gruag/Grou*) oder *sperren – zerren* (*spian – zà(r)n*). Andererseits bilden aber *Ruß – (sie) muss* und *lügen – ziehen* im Dialekt reine Reime: *Ruas – muas* bzw. *Rous – mou(s); liang – ziang* bzw. *läing – zäing, loing – zoing, luing – zuing;* ebenso *Glas – Fass: Gloos – Foos.* Die meisten Besonderheiten lassen sich aus dem mittelalterlichen Deutsch erklären, da der Dialekt vieles gewahrt hat, was in der heutigen Standardsprache verschwunden ist. Ein Beispiel: In originalem Bairisch weist das Adverb *hart* den Stammvokal *a* auf (*hart, hoat*), das Adjektiv jedoch ein *i* (*hirt, hiat*; siehe dazu in Kapitel 4).

Wie alle Mundarten neigt auch unser Dialekt sehr stark zu Verschleifungen und Kürzungen, hinter denen hochsprachliche Entsprechungen oft kaum mehr zu entdecken sind. Die Vokale von unbetonten Silben werden auf ein gemurmeltes *a* reduziert oder fallen einfach weg, Konsonanten rücken zusammen und gleichen sich aneinander an (Assimilation), andere verstummen ganz (Schwund). Umgangssprachlich lautet 'mitfahren' [mipfan]. Durch Assimilation entstanden sind standardsprachliche Formen wie *empfangen, empfinden, empor* aus *ent-fangen, ent-finden, ent-bor.* „Hod da äbba goa äbba äbbas do?" klingt rätselhaft, wenn man darin nicht die Wörter *etwa, etwer* (= 'jemand'), *etwas* erkennt, bei denen die Lautfolge *tw* zu *bb* verschmolzen ist. 'Meiner Lebtag(e)' verschleift sich zur Kurzform *mei Ledda, malédda.* Hören wir hinein in ein Gespräch: Mit „I moa scho aa" stimmt der eine dem anderen zu, und ein anderer sagt drauf: „I do aa." Hier sind zweimal *n* (*mein(e), schon*) und dreimal *ch* (*ich, doch auch*) geschwunden. In manchen Landstrichen Altbayerns fällt auslautendes *-ch* weg bei 'Bauch, Loch' usw., so dass sich die Formen *Bau, Lo* ergeben. In der Frage „Wo issn gwen?" werden ein *t* und ein *s* verschluckt, und die *sie, denn* sind zusammengeschrumpft auf jeweils bloß einen Konsonanten. (In die Hochsprache übertragen: 'Hat dir etwa gar jemand etwas angetan? Ich meine schon auch. Wo ist sie denn gewesen?') Seltene Lautverbindungen vermeidet man; für 'fremd' sagt der dialektfeste Landbewohner *freem*. „Neiadings kemman an etla Ualauwa und Freeme zu uns" (neuerdings kommen etliche Urlauber und Fremde zu uns). Das hochsprachlich gängige Reimwort 'Hemd' ist im Bairischen zweisilbig, *Hemad*, Mehrzahl *Hemada*.

'Lasst uns ein wenig bairisch sprechen' heißt in der Mundart: *Remmaraweng boarisch*. Das überraschende Lautgebilde *remmaraweng* kommt zustande durch mehrfachen Wegfall unbetonter Vokale (Elision, Synkopierung) und die Angleichung der Konsonanten (*reden wir > redn ma > renma > remma; wenig > weng*; Assimilation). Solche Vorgänge führen zu einer erheblichen Verkürzung von Wörtern und Sätzen (Silbenreduktion). So kann etwa 'Bettelmann' zusammenschmelzen zu *Bellmo*, 'Schlittenfahren' zu *Schlimfoan*, 'gestritten' zu [gštrīn], 'geröstete Knödel' zu *gräste Gnel*. Wenn man hört: „Hàts pfrim mid engan Buam?" (Seid ihr zufrieden mit eurem Sohn?), so liegt mit *pfrim*, der mundartlichen Allegroform von 'zufrieden', ein Extremfall von Assimilation und Kürzung vor, dessen einzelne Schritte die folgenden sind: mhd. *zefriden* wird um die unbetonten *e*-Laute gekürzt, Resultat: *zfrīdn*; dann erfolgt die Einschmelzung des auslautenden *n* in das *d*, Resultat: *zfrīn*; sowohl das anlautende *z* als auch das *n* am Ende werden vor und hinter dem artikulatorischen Nukleus *f* assimiliert zu Labiallauten, Resultat: *pfrim*. Als letzter Schritt kann Vokalkürzung eintreten, Resultat: *pfrim(m)*.

Hinsichtlich der Silbenzahl können Hochsprache und Dialekt bis zu einem Verhältnis von 2:1 differieren. Bei dem Satz 'Was wird es denn gekostet haben?' bleibt nur knapp die Hälfte übrig: *Wos weadsn kost hom?* Ähnlich: *I hobs gseng. Hodsdas gem?* ('Ich habe sie gesehen. Hat sie es dir gegeben?'). Beim unverzichtbaren Wörtchen 'nicht' (< ahd. *ni-eo-wiht* 'nicht irgend eine Kleinigkeit') wird im Dialekt einiges eingespart; weit verbreitet ist *ned*, *net.* In bestimmten Gegenden verschwindet das anlautende *n*: Die Kürzung *it* ist in die Literatur eingegangen, weil Ludwig Thoma diese Form in den wörtlichen Reden gebraucht. Im Nordbairischen geläufig ist die diphthongische Variante *niad, niat.* Niemals schwindet das auslautende *-t*; allen Bairischsprechenden ist die anderswo übliche Kürzung *nich* ein Greuel.

Unterschiedliche Wortausgänge (*-end, -endes, -icht*) können im Dialekt als *-ad* oder *-ads* erscheinen (meist verschriftet als *-ert(s)*). Neben Eigenschaftswörter wie *deppad, gspinnad, gstingad, doarad/dourad* (taub) und Sammelbegriffen wie *Dickad, Gfickad, Weisad, Fressads, Sauffads, Oweichads* (Dickicht, Federvieh, Hochzeits- oder Taufgeschenk, Speis und Trank, Durchfall) treten Lautformen auf wie *Oawad, Houzad, Grangad, Woarad* (Arbeit, Hochzeit, Krankheit, Wahrheit). „Da schau her, da hab i a Lesets kriagt", findet sich bei Ludwig Thoma, und bei Harald Grill: „I bring ein jedes Weiberts soweit" ('etwas zu lesen; jede Frau'). Auch Ortsnamen wie *Lanzad, Langad, Schnuarad* (Landshut, Langquaid, Schneidhart) gehören hierher, ganz zu schweigen von *Roumbuach, Oiaschàun* (Rottenburg an der Laaber, Allershausen) und Hausnamen wie *Ooma, Bòòma, Nuima* (Ober-, Bach-, Neumeier). Schauen wir auf die Weltsprache Englisch, wo derlei gang und gäbe ist. Man schreibt zwar „Gloucester, Leicester, Worcester", aber man sagt *Glosta, Lästa, Wusta,* und der Adelsname „Cholmondeley" klingt ganz kurz und einfach *Tschamli.* Im Irischen, einer keltischen Sprache, ist es noch krasser. Man will es fast nicht glauben, dass „Baile Átha Cliath" (das ist der irische Name von Dublin) *blaa kliia* ausgesprochen wird.

Sind also die Engländer, die Iren und die Baiern *mààlfààl* bzw. *màifài*? Das klingt so negativ. Angemessener ist es, den reduzierten Artikulationsaufwand als „Sprachökonomie" zu bezeichnen.

Grantler, Zwiderwurzen und Gschaftlhuber

Charaktereigenschaften

Es sieht so aus, als lägen mit *Bildhauer, Steinhauer, Grantlhauer* drei Berufs-bezeichnungen vor. Ein *Grantlhauer* ist allerdings kein Handwerker, der *Grantl*, also steinerne Grande oder Tröge, aus dem Stein meißelt, heraushaut. Nein, er ist einfach notorisch *grantig*, ein *Grantler* also, ein Mensch, der auf alle und alles einen *Grant* hat. Unter der Überschrift »Das Prinzip Unlust« behauptet Hermann Unterstöger (»Süddeutsche Zeitung Magazin« vom 13. Juni 2008): „Ein Münchner muss granteln", und er führt aus, wie der Grant zu den Wesensmerkmalen eines echten Münchners zählt, unverzichtbar zur bayerischen Hauptstadt gehörend, vergleichbar mit dem Londoner Nebel oder dem Wiener Schmäh.

In allen gängigen Wörterbüchern ist die Wortfamilie von *Grant* verzeichnet, überraschenderweise sogar im Rechtschreib-Duden; deshalb unterringelt auch das Windows-Rechtschreibprogramm auf dem PC-Bildschirm weder *Grant* noch *grantig, Grantigkeit*. Der »Duden« erläutert *Grant* als bayerisch-österreichische Bezeichnung für 'Übellaunigkeit, Unmut'. Das »Österreichische Wörterbuch (Schulausgabe)« erweist sich als reichhaltiger. Dort findet man zusätzlich das Verb *granteln* ('grantig sein oder reden'), dazu: *der Grantler, die Grantlerin,* und *der Grantscherben,* umschrieben mit 'verdrossener Mensch'. Anderswo nennt man einen mürrischen, verdrießlichen, ständig missgelaunten Zeitgenossen *Griesgram, Miesepeter, Sauertopf, Nieselpriem*; bei uns heißt so einer *Grantlhauer* – ganz witzig, als handle es sich um einen Handwerksberuf.

Bedeutungsmäßig nicht weit entfernt sind *Zwiderwurzen* oder *zwidere Wurzen*. „Die zwidere Wurzen, bei der ich logier, hockt mir im Genick wegen der Miete", findet sich im Roman »Die Godin« von Robert Hültner. *Zwider* wird in Anpassung an die Hochsprache zwar nicht selten *zuwider* geschrieben, doch die beiden Wörter decken sich dem Sinn nach keineswegs. „Ein zuwiderer Kerl, dieser Klenk" (Lion Feuchtwanger, »Erfolg«). „Das war keinem zuwiderer als dem Sepp" (Oskar Maria Graf) meint, dass es dem Sepp lästig, widerwärtig oder unangenehm, peinlich war. In dem Satz „Mei, das is mir aber jetzt zwider, dass ich kein Geld bei mir hab" kann man bair. *zwider* unmöglich durch standardsprachlich *zuwider* ersetzen.

Über die „sorgenbrechende Funktion des Bieres" schreibt R.W.B. McCormack (in »Tief in Bayern«), dass „seinen Grant obischwoabn" soviel meint wie „seinen Kummer ertränken".

In Vergleichen kommen auch grantige Tiere vor. Jemand ist „so grantig wie a tragende (trächtige) Katz", steht in Schmellers »Bayerischem Wörterbuch«, und ein Austragsbauer hat über seine ledige ältliche Tochter gesagt: „Aufführn duad sa se wia-r a grantige Sau".

Die Herkunft des seit dem 16. Jahrhundert schriftlich belegten Wortstamms *grant-* ist nicht recht klar. Nicht von der Hand zu weisen ist der Zusammenhang mit dem offenbar nicht mehr gebräuchlichen Verb *grennen*, für welches Schmeller die Bedeutungen 'murren, brummen, knurren' angibt.

Hinsichtlich ihres zweiten Bestandteils lassen sich *Gscheitmeier* und *Gschaftlhuber* in die Nähe von *Grantlhauer* rücken. Verallgemeinernd treten dort die sehr häufigen Familiennamen *Meier, Huber* auf, bei letzterem der Beruf *Hauer*. – Ein 'Besserwisser' wird als *Gscheitmeier* bezeichnet, sein Gebaren als *Gscheitmeierei*. Das Adjektiv heißt *gscheitmeierisch* und bedeutet etwa dasselbe wie *siebengescheit*. (Ein Ensemble von Musikern aus dem Landkreis Regensburg hat sich den Namen „Die 7gscheiten" gegeben.) Wir begnügen uns mit dem Faktor 7, anderswo legt man noch zwei drauf: „neunmalklug" heißt's dann. Weitere Bezeichnungen für naseweise Personen, vor allem für altkluge Kinder, sind *Gescheiterl, Gescheitling* (*Gscheiderl, Gscheidling*) oder *Gescheithàferl.* „Nur ganz dumme oder eingebildete Mütter haben ihren Gescheiterln gleich nach der Aufnahmeprüfung eine Schülermütze gekauft" (Eugen Oker, »Lebensfäden«). Als *Protzhàferl* bezeichnet man ein putzsüchtiges und eitles kleines Mädchen. Es gibt weitere Wortbildungen, in denen ein Mensch als *Hàferl* tituliert werden: Ein *Gifthàferl* (auch *Giftàderl*) ist ein leicht aufbrausender, unbeherrschter Mensch (beiderlei Geschlechts), jemanden, der die Fehler anderer ausplaudert und bekannt macht, ist ein *Britschhàferl, Verklaghàferl* (nicht *Petze* wie im modischen „Nordsprech").

Einen nicht recht ernst zu nehmenden wichtigtuerischen Menschen nennt man *Gschaftlhuber* oder kurz *Gschaftler* (wie auch die folgenden jeweils mit hellem *à* gesprochen). Vom Eigenschaftswort „geschäftig", bair. *gschafti(g)*, ist das mundartnahe Verb *gschafteln* hergeleitet – was sich nicht verhochdeutschen lässt als „geschäfteln" – im Sinne von 'sich wichtigmachen durch übertriebenen Diensteifer oder leere Betriebsamkeit'. „Zwei dickliche ältere Schwestern öffneten", steht in Harald Grills Novelle »Hochzeit im Dunkeln«, „die eine krächzte gschaftelhuberisch: 'Des wär des Zimmer, Herr Schipke'".

Könnte es nicht sein, dass irgendwann, irgendwo Personen lebten, die *Meier* oder *Huber* hießen und sich durch ihr auffälliges Verhalten die Namenszusätze *Gscheit-* bzw. *Gschaftl-* verdient haben? Man müsste einmal nachfragen bei Zeitgenossen mit den Familiennamen *Meier* (*Maier, Mair, Mayr*) oder *Huber*, ob sie sich besonders ärgern, wenn man sie als *Gscheitmeier* oder *Gschaftlhuber* tituliert – oder ob sie lächelnd darüber hinwegsehen.

Ein Prügelmannsbild
oder ein Zwetschgenmanndl?

Leibesgestalt, Körperteile und Naheliegendes

Der Dialekt ist direkt, ungeschminkt, drastisch – aber auch humorvoll, originell, witzig. Eine Auswahl von Ausdrücken aus den Bereichen Leibesgestalt und Körperteile belegt dies ganz deutlich.

Einen gewissen Doblinger Schorsch charakterisiert Lieselotte Denk (»Heimat Los«) als „ein Prügelmannsbild mit mächtigen Fäusten". Ein *Prügelmannsbild*, ein *Pràckel* ist ein großer, kräftiger, grobschlächtiger Kerl. Er kann kraftvoll zulangen, besitzt beachtliche Muskelkraft in den Armen, hat eben ein *Irxenschmalz*. Das *r* im bairischen Wort *Irxen* ist unetymologisch; es liegt mhd. *üehse* zugrunde, das *üe* wurde zu *ia* entrundet (im Nordbairischen zu *äi: Äixn*), und *ia* wird volkstümlich als *ir* verschriftet, so als läge *r*-Vokalisierung vor (wie etwa bei *Wirt > Wiat*; siehe dazu in E·1). *Irxen* ist verwandt mit hochsprachlich *Achsel*. „Du hast no' allsz'wen'g Schmalz unter der Irx'n, als daß d' mi' heb'n kunntst" (Emerenz Meier). „Wenn di der unter d'Irxn nimmt, host koa Chance mehr." In der Fachsprache der Zimmerleute bezeichnet *Irxen* eine stützende Verstrebung zwischen den Balken.

Körpergestalt: Ist ein Mensch zu klein, zu groß, zu dick, zu dünn – für alle vorstellbaren Abweichungen vom Normalmaß stehen entsprechende Ausdrücke zur Verfügung. Kleinwüchsige Männlein und Weiblein sind *gstumpfert*, werden mit Spitznamen wie *Stumpen, Stopsel, Steps* belegt. Ein mageres Mädchen, knochig und mit wenig Rundungen, ist eine *Heugeige* (*Heigeing*, eigentlich 'Holzgestell zum Heutrocknen'): „Die Emma, eine dünne, mürrische Heugeige" (Eugen Oker). Wer unverhältnismäßig lange Gliedmaßen hat, ist *langgstàckelt*, wird als *langes Elend* oder *langes Scheißhaus* verspottet. Ein abstoßend hagerer Mensch ist *zaundürr, zaunsper* ('dürr, trocken, spröd, leicht splitternd wie eine Zaunlatte'). Die folgenden Sätze aus Büchern von Eugen Oker und Wolfgang Johannes Bekh illustrieren bestens, was damit gemeint ist. „Die hässlichste von allen Schwestern, zaundürr und alles scharf an ihr, Kinn, Nase, Augen, Schultern, Ellenbogen, Knie. – Heute kam mir eine seltsame Vogelscheuche ins Haus getanzt, zaunsper; wie an einem Kleiderständer schlotterten Wadelstrümpfe, kurze Wichs, Miesbacher Janker und Mordsgamsbart." Über eine sehr magere, knochige und unansehnliche Frau sagt man, sie sei wie ein *Sack voller Hirschgeweih*.

Für 'schmächtig, mager, unansehnlich' (die Norddeutschen würden 'mickrig' sagen) oder 'schwächlich, elend' gibt es weitere Eigenschaftswörter: *wieslhàrig, sperbràdig, dürrlochert, hoalous* und andere mehr. Mit Ausnahme von *dürrlochert* ('mit knochigem *Loch* = Gesäß ausgestattet') bleibt die Etymologie problematisch. Hängt *wieslhàrig* mit *Wiesel* zusammen, kann *hàrig* mit *Haar* in Verbindung gebracht werden? Letzteres trifft wohl kaum zu, da Ableitungen von *Haar* keinen Umlaut aufweisen (vgl. *weiß-, roud-, gràb-hòrad; hoarige(r) Esau* 'Mann mit starker Behaarung', nach dem alttestamentlichen Esau, dem Sohn von Isaak und Rebekka). *Sperbràdig* weist als Erstglied *sper, spör* (s. o.) auf, und *bràdig* gehört zu *Bràt*, schriftdeutsch *Brät* 'zerkleinertes, feingehacktes Fleisch zur Zubereitung von Würsten oder Leberkäse, Wurstfülle'. *Hoalous* scheint die mundartliche Lautung von 'heillos' zu sein; manche vermuten, es bedeute eigentlich 'haarlos'. Die hier genannten vier Eigenschaftswörter können sich auf die Körpergestalt beziehen, werden jedoch auch verwendet zur Bezeichnung von Charaktereigenschaften wie 'trotzig, widerspenstig, hinterhältig, gerissen', auf Waren und Gegenstände bezogen im Sinne von 'minderwertig, schäbig'.

Wer unmäßig viel isst und trinkt, kriegt zuerst ein kleines *Wamperl*, schließlich eine ausgewachsene *Wampen*. Das ist ein uraltes Wort: gotisch *wamba* 'Mutterleib, Schoß, Bauch' (vgl. engl. *womb*). Vom *Wamperl* zu unterscheiden ist das *Wammerl* ('geräuchertes Bauchstück vom Schwein'), obwohl das eine Wort nur eine Variante des anderen ist. Über einen Dickbäuchigen, also *Wamperten*, wird auch gesagt: Der trägt einen *Brathendlfriedhof* mit sich herum oder er hat ein *Brauereigeschwür*.

Das Gegenteil von *Prügelmannsbild* ist der *Dürfling* oder das *Zwetschgenmànndl*. Die *Postur* ('Figur, Statur') eines solchen Menschen vergleicht man mit einer aus gedörrten Zwetschgen zusammengesteckten Figur (Hutzelmännlein). Von jemandem, dessen Gesicht fahl und farblos blass ist, sagt man, er oder sie schaut aus *wia gspiem* oder *wia d'Hen unterm Schwoaf* (*gespieben* 'erbrochen, gekotzt'; 'wie die Henne unterm Schweif'). Einen ausgemergelten, abgemagerten Menschen vergleicht man mit einer *auszuzltn Godsackerfliang* ('ausgesaugte Gottesackerfliege'), oder es heißt, jemand schaut aus wie *da Doud vo Eding*, wie 'der Tod von Altötting', der berühmte Sensenmann in der Basilika des Wallfahrtsorts. Von einem feigen, weichlichen, allzu zurückhaltenden Mann, der nicht auch einmal ein Machtwort spricht, sagt man, er sei ein *Mannsbild wia a Griasgnedl (-gnel)* ('wie ein Grießknödel'), ein *Simàndl* eben (dazu Kapitel 17). Für 'erschöpft, matt, kraftlos' gibt es den schönen mundartlichen Ausdruck *o-gschwäicht*, noch bildhafter ist *hodanschwäich*. Beide Wörter enthalten das Adjektiv *schwilch* 'welk'; *abgeschwilcht* zieht den Vergleich mit einer verwelkten, vertrocknenden Pflanze, *hadernschwilch* mit einem nassen *Hadern* ('Lumpen, Lappen').

Für 'körperlich zart, schwächlich' gibt es auch das bair. Adjektiv *zefrichtig* (*za-, zo-, ze-frichtig/-fichtig*); es bedeutet: 'im Wachstum zurückgeblieben'. Das Wort hängt wohl zusammen mit *Zieferl* (federlose kleine Gans) und mit *Ziefer, Ungeziefer*.

Einen zartgliedrigen, klein gewachsenen Menschen nennt man auch *Krüsperl*: „Du Grischbal, du zaundürrs". Bei diesem Wort kann es sich um die Verkleinerungsform von *Kruspel* = 'Knorpel' handeln; auch ein Zusammenhang mit dem Verb *krispeln* = 'kräuseln, fälteln' kann erwogen werden. Nicht von der Hand zu weisen ist die Herleitung vom Heiligennamen *Crispinus*. Dieser galt als Patron der Gerber und Schuster, aber auch der Schneider. Diesem Berufsstand sagt man einen besonders hohen Anteil an schmalbrüstigen, schmächtigen Menschen nach, und es ist möglich, dass man eine Person, die zartgliedrig und schwächlich ist wie ein Schneider, als *Grischbal* bezeichnet hat. „Sie sind eben ein Gefäß-Grischbal", sagte in der Regensburger Universitäts-Augenklinik der Professor zu mir, als er diagnostiziert hatte, dass mir im Augapfel zum zweiten Mal eine Ader geplatzt war. Gefreut hat mich dieser Befund nicht, dessen bairische Formulierung allerdings sehr wohl.

21

Nun zu den Körperteilen. Fangen wir oben an, beim **Kopf**. Ein Dialektsprecher sagt nicht: „Ich habe mir den Kopf angestoßen", sondern eher: „I hob ma-r an Belli o-ghaut" oder „an Bimbus o-gstessen (o-gstoussn, -gstäissn)". Spielarten von *Belli, Bimbus* sind *Bellibum, Bellibumbum* (mehr kindersprachlich). Vor allem gegen das Schwäbische zu ist *Grind* geläufig, weit verbreitet ist *Nischl*. „Hauen müssen mit dem Trischel vor und zurück", erzählt in Werner Fritschs »Cherubim« der Knecht Wenzel vom Dreschen mit dem Flegel, „und aufschauen, dass sie einen nicht auf den Nischel dreschen", und an anderer Stelle: „Bremsen sind mir um den Nischel gesurrt beim Schwitzen." Ein dicker, aufgedunsener Kopf ist ein *Gschwollschädel* (*Gschwoischäll*); auch der ganze Mensch kann als solcher bezeichnet werden. Einen sturen, starrköpfigen Dickschädel oder einen protzig und gewichtig auftretenden Mann nennt man *Gschwollschädel, Gschwolltl*. – Wenn die Haare lichter werden, dann kriegt man *a Plattn*, einen Glatzköpfigen verspottet man als *platterten Semmelgeist*.

Augen, Ohren: In Gegenden, wo für *Ohr* die Aussprache [oa] gilt und es damit lautlich gleich klingt wie die von *Ei*, wird das Wort eher vermieden. Nicht in lautlicher Konkurrenz stehen dagegen *Ouan* ʻOhren' und *Oa(r)*, *Òia* ʻEi, Eier'. Geläufig ist die Bezeichnung *Ohrwàschel*, auch *Wàschel* allein. Über junge Leute, die sich zu sehr in Angelegenheiten einmischen, für die sie angeblich noch nicht reif sind, sagt man, sie seien noch „nicht ganz trocken hinta de Oawaschln". Eine andere Bezeichnung für die Ohren ist *Luser*, das Organ, mit dem man *lust*. Das Verb *lusen, losen* (ʻzuhören, horchen') ist verwandt mit hochsprachlich *lauschen*. – Hervortretende Augäpfel nennt man *Batzlaugen* oder *Baroller* (nicht *Glupschaugen*). *Batzlaugert* kann ein Mensch sein, oder *rinnaugert* (triefäugig), *schölch- (schäich-) augad* (schielend; zu bair. *schelch*, ahd. *skelah* ʻschief'); *oa-augad, oa-augk, oanàgk* (einäugig). Und was ist eine *Vieraugerte*, ein *Vieraugerter*? Eine solche Person hat zusätzlich zu den eigenen Augen scheinbar noch zwei, trägt also eine Brille.

Für eine markante **Nase** werden Vergleiche mit gewissen Gerätschaften herangezogen. Bei einem *Langnaserten (-nosadn)* prangt im Gesicht eine *Kumpfnosn*, ein *Kumpf* oder *Kümpfl* (eigentlich: ʻWetzsteinköcher'), ein *Löschhorn* oder *Löschhörndl* (ʻGerät zum Löschen der Altarkerzen'). Auch *Kerschhackl* (ʻHaken zur Kirschernte') und *Zinken* sind Ausdrücke für eine auffallend große, gebogene Nase. – Eine Nase mit leicht nach oben weisender Spitze ist eine *Himmelfahrtsnase*; liebenswerter klingt es, wenn ein Stupsnäschen *Himmelschmeckerl* genannt wird (zu *schmecken* 'riechen, schnüffeln, wittern').

Zum **Mund** sagt man lieber *Maul*, ausgesprochen *Mààl* bzw. *Mài*, oder *Goschn* (*Gosche* ist im gesamten deutschen Sprachraum verbreitet). Recht aussagekräftig sind die Adjektive *gschroamààlad* bzw. *-màiad* oder *gschroagoschert, plärrgoschert* (*bleagoschad*), mit denen Zeitgenossen belegt werden, die überall das Maul aufreißen, zu viel und zu laut reden. Ein auffällig großer und hässlicher Mund oder ein weinerlich verzogenes, beleidigtes Gesicht ist *a Bàppm, Beppm* (*Pàppen, Peppen*) oder *a Lädschn* (*Letsche*). „Halt dei freche Pappn!" (Karl Valentin). Wenn jemand beleidigt ist, eine Enttäuschung hinnehmen muss, macht er oder sie „a Beppm her" oder lässt „d'Lädschn hänga". *Gfriiß, Visage* (*Fisàsch*) sind weitere Wörter für 'Gesicht'; ersteres gehört (wie norddeutsch *Fresse*) zum Wortstamm *fressen*, das zweite ist Lehnwort aus dem Französischen. *Bleschl* für 'Zunge' gibt's wohl nur im Bairischen. – Recht originell ist der Ausdruck *Schublàdl* für einen zu weit vorstehenden Unterkiefer (bair. meist sächlich, siehe in Kapitel 14), wobei die unteren Schneidezähne vor den oberen stehen (Überbiss). Gerade ein Mädchen ist übel dran, wenn es *gschublàllad*, also quasi mit einer 'kleinen Schublade' ausgestattet ist.

Auch *(der) Fooz, (die) Fotzn* sind Bezeichnungen für 'Mund, Gesicht'. Mit diesen Wörtern muss man allerdings vorsichtig sein, wenn Norddeutsche dabei sind; denn sie verstehen unter „Fotze" etwas ganz anderes und schreiben das Wort meist mit „V". Krass missverstehen könnten sie die Aufforderung „Halt dei Fotzn!", wenn sie nicht wissen, dass hierzulande sowohl Weiblein als auch Männlein eine *Fotzen*, einen *Fooz* haben. Nur wenn man das weiß, versteht man richtig, was mit *Fotzenspangler* und *Fotzhobel* gemeint ist, nämlich: 'Zahnarzt' und 'Mundharmonika'. Kaum auszudenken, was sich Nichtbayern darunter vorstellen könnten! „Do bleibt dir da Fooz sauber", sagt man und meint: 'Davon kriegst du nichts, du gehst leer aus". „A Fotzn hot dir die/der wia-r a Schààr(n)schleiffa" sagt man über jemanden, der dazu neigt, ungezügelt und in ordinärer Art zu reden (die herumziehenden Scherenschleifer hat man verachtet und gescheut). Dass man in der Duden-

Redaktion keine Ahnung von bair. *Fotze(n)* hatte, beweist der Eintrag zum Stichwort *hinterfotzig* im 6-bändigen »Großen Wörterbuch der deutschen Sprache« in der Auflage von 1977. Dort steht nämlich: „eigentlich = (von Frauen) mit einem nahe dem After liegenden Geschlechtsteil; zu *Fotze*; (mundartlich, besonders bayr., sonst derb)." Die Bedeutung ist korrekt angegeben mit: „heimtückisch, hinterhältig, hinterlistig, unaufrichtig", aber die Ausführungen zur Herkunft sind höchst blamabel und peinlich. In der neuen Auflage (1999) hat man sie getilgt und ersetzt durch „Herkunft unbekannt"; die Herleitung von einem bairischen Wort will man partout nicht akzeptieren.

Fotze(n) ist außerdem eine der gängigen Bezeichnungen für 'Ohrfeige' (neben *Watsche(n), Schelle(n), Dachtel*); eine besonders kräftige heißt dann *Bockfotzen (Boogfotzn)*. Der oben erwähnte Knecht Wenzel berichtet über seine Schulzeit: „Durch Fotzen ist Religion direkt übergegangen in Rechnen. Hat man allen Augenblick mit Fotzen rechnen müssen." Auch das Verb *fotzen* gibt es. Man kann einen *abfotzen* oder *herfotzen*, das heißt: 'mit Ohrfeigen traktieren'. „Wart nur", droht die Mutter dem Buben, der von der Schule einen Verweis heim bringt, „der Pappa wenn hoamkimmt, der werd di sauber abfotzen". Heute verpönt, früher in vielen Familien gang und gäbe war es, einem Kind den Hintern zu versohlen, mit der flachen Hand, mit Rute, Stock oder Kochlöffel. Es gab *Prügel, Arschprügel, Strixen* oder einfach *Schleeg* ('Schläge'), *Drisch* (mit langem *i* und weichem *sch*: [drĭš], nicht *Dresche*; zu *dreschen*), oder es hat geheißen: „Dem howi s Loo(ch) sauwa herghaut", wobei *Loch* für 'Hintern' steht. Ein anderer Ausdruck für 'verprügeln' ist *wàssern*. Veraltet ist *baumölen (bàm-äin /-öln)*, entstanden aus der Redewendung „einen umeinanderhauen, bis er *Baumöl seicht (Bàm-äi /-öl soacht/soicht)*"; *Baumöl* ist eine alte Bezeichnung für 'Olivenöl'. Eine nicht seltene körperliche Strafe war es, wenn der Delinquent mit nackten Knien auf einem groben Holzscheit knien musste (*Holzscheitl knien, -gnian/-gnäin*). Scherzhaft sagen die Stammtischbrüder zu einem Zechgenossen: „Etz schau dasst hoamkimmst, sonst lasst di dei Oite wieder holzscheitlknian!"

Hände: Im Basisdialekt ist der Singular gleich dem Plural: einheitlich *Hent* (*de denke Hent* 'die linke Hand'). Kleine Kinder haben *Bodscherln*

('Patschhändchen'). Große Hände sind *Pratzen* (Singular *Pratz*). „Die Handteller waren breit und kräftig, aber es waren keine rissigen Bauernpratzen" (Harald Grill). „Jetzt hebst auch du deine Pratzen in die Höh!" (Robert Hültner). „Musst du denn immer alles in der Pratz haben?" Auf der Speisenkarte eines Landgasthofs in der Gegend von Neunburg vorm Wald wird angeboten ein „Schnitzel, so grouß wei en olt'n Schmied vo Penting seine Bratz'n, dazou git's gröste Erdepfl und an Solot" – perfekter Dialekt! Die Finger sind die *Griffeln*, etwas derber auch *Wichsgriffeln* genannt. Das Wort *Griffel* ist mit dem Suffix *-el* von *greifen* abgeleitet – ganz richtig, denn mit den Fingern wird ge*griff*en. Man kann die Finger auch als *Klupperl* bezeichnen, was eigentlich 'Wäscheklammer' oder 'Vorrichtung zum Abklemmen' bedeutet. „Der hod se sauwa seine Gluppal vobrennt!" höhnt man über jemanden, der sich peinlich verkalkuliert und empfindlichen Schaden erlitten hat. „Dees machma mia hentisch" heißt, dass keine Maschinen oder Apparate zu einer bestimmten Arbeit vonnöten sind, sondern ausschließlich die eigenen Hände eingesetzt werden; das Fremdwort 'manuell' kann man als *hentisch* 'händisch' ins Bairische übersetzen.

Beine, Füße: Als *Fuß, Füße* (mittelbair. *Fuas, Fiass*, nordbair. *Fous, Fäiss*) bezeichnet man die unteren Extremitäten von den Zehenspitzen bis herauf zu den Hüften, wofür in der Hochsprache *Fuß* bzw. *Bein* steht, so auch in Redewendungen wie: „wieder auf die Füße kommen, sich auf die Hinterfüße stellen, sich die Füße in den Bauch (hinein) stehen". „Krampfhena, schreit er, g'scherte Moin! / Wos überhaupts die Weiber woin? / Hinsitzen brettlbroat, des is schee! / Mir deaffan uns d'Füaß in Bauch neisteh", grantelt der „Unmensch" über die bequem sitzenden Frauen in der Straßenbahn, während er selbst mit einem Stehplatz vorlieb nehmen muss (Eugen Roth, »Mensch und Unmensch«). Jemand berichtet, wie er sich beim Skifahren den *Fuß* gebrochen hat, gleich unterm Knie (also den Unterschenkel). Das Wort *Bein* hat im Bairischen einzig und allein die Bedeutung 'Knochen'; die Mehrzahl ist *Beiner* (*Boana*). Es gibt die Ableitungen *beinig* (*boanig* 'knochig') und *bockbeinig* (*bogboanig* 'verstockt, eigensinnig), aber es heißt *langhàxert, krummhàxert, oahàxert* für 'lang-, krumm-, einbeinig', unter Verwendung des Synonyms *Hàx, Hàxen* für (bair.) *Fuß*. Ein *Schnàcklhàx* ist ein Mensch, der hinkt, etwa ein Prothesenträger.

21

Wimmerl etc.: Statt 'Pustel' sagt man bei uns *Wimmerl* oder *Suierl*. Die Grundbedeutung von *Wimmerl* ist 'sich hervorwölbende Erhebung'; so erklärt es sich, dass auch ein 'Gürteltäschchen, kleiner Proviantbeutel für Wanderer, Bergsteiger und Skifahrer' so genannt wird. Die Grundbedeutung von mhd. *wimmer* ist 'knorriger Auswuchs an einem Baumstamm; Warze'. (Als Spottname kann daraus der geläufige Familiennamen *Wimmer* entstanden sein, für den aber auch andere Herleitungen in Frage kommen.) Während ein *Wimmerl* auf der Haut unterschiedliche Ursachen haben kann, sind die Erreger von *Suierln* eindeutig die Herpes-Viren. Weil intensive Sonneneinstrahlung zu Herpesbläschen auf den Lippen führen kann, bezeichnet man sie auch als *Hitzwimmerl*. Das Wort *Suierl* leitet sich von mhd. *siure* her, dem Substantiv zu *sûr* 'sauer'; die Verhochsprachlichung wäre „Säuerlein". Die (Akne-) Pusteln, die das Gesicht vieler Jugendlicher in der Pubertät verunstalten, werden abfällig *Rufernschmarrn* genannt. *Rufern* bedeutet 'Blutkruste, Wundschorf'. Trocknet eine Wunde ab und beginnt abzuheilen, bildet sich eine *Bletze(n)*. Zwei krankhafte Hautveränderungen sollen hier wenigstens erwähnt sein: *Bàmhàckl* und *Zittrach*. Mit *Bàmhàckl* bezeichnet man 'entzündete Hautrisse, Schorf an Waden oder Armen', die bei mangelnder Reinlichkeit schwer heilen und zu Ekzemen werden. In einer Szene von Karl Valentin heißt es: „Moana denn Sie, mit Eahnam Bamhackl-Teint wern Sie a Schaupielerin?" Ein flechtenartiger Hautausschlag ist ein *Zittrach(en), Zittroch*. „Die dicken, saftigen Blätter der Hauswurz werden zerquetscht auf Brandwunden, Bienenstiche und Zittrachen gelegt" (Wolfgang Johannes Bekh). Alt- bzw. mhd. *zittaroh, ziteroch* sind verwandt mit engl. *tetter* 'Flechte'; auch in anderen Sprachen ist der indogermanische Wortstamm **dedru-* in Bezeichnungen für Hautkrankheiten vertreten.

22

Darum spar i – Diridari

Ein Kapitel übers Geld

Geld regiert die Welt, sagt man. Ist es da verwunderlich, dass die deutsche Sprache eine schier unendliche Fülle von Bezeichnungen für die *Moneten* aufweist? In Norddeutschland kennt man *Marie, Knete, Mäuse, Kohle*, in Österreich *Flieder*. Zwar ist auch in Altbayern gelegentlich von *Kohle* = 'Geld' die Rede, aber niemals in der mundartlichen Lautung *Koin, Kooln*, wie sie für 'Kohle' als Brennstoff gilt; demnach handelt es sich bei *Kohle* = 'Geld' um eine Entlehnung aus einer anderen Region. Anders ist das bei *Blech, Kies, Moos, Gerstl, Flins, Plattl, Pulver*. Diese Wörter sind dialektkonform, ebenso der Ausdruck *guad ei-gsàmt* (gut eingesäumt) in der Bedeutung 'genug Geld besitzend', wofür die Hochsprache *betucht* kennt.

Erst recht gilt das für *Diridari*. Das klanglich reizvolle Wort weist die vokalische Abtönung *i – à* auf wie *Wischiwàschi, Griwesgràwes, Tingeltàngel, Mischmàsch*, ähnlich *Singsang, Hickhack, Schnickschnack, Stinkstank* (mit dem Wechsel von *i – à*). „Haben S' keinen Diri-Dari nicht?" liest man bei Oskar Maria Graf, und in Lieselotte Denks Roman »Heimat Los«: „Mit dem Diredare kommt der Hitler ans Ziel, fürn Diredare verbündet er sich mit den Großkopferten." Die Biermösl Blosn hat dem *Diridari* einen feierlichen Choral gewidmet. Der in makkaronischem Latein formulierte Text beginnt so: „Credo in pecuniam, diridari kratz i zamm", und er schließt mit: „Summa summarum darum spar i – diridari, diridari."

„Ohne Moos – nix los", heißt es. *Moos* in der Bedeutung 'Geld' geht zurück auf jiddisch *moes* und letztlich auf hebräisch *mā'ōth* = 'Geld'. Auch in der Redensart „wissen, wo der Barthl den Most holt" steckt verhüllt dieses Wort drin (*Most* < *Moos*), und *Barthl* hat nichts mit dem Vornamen *Bartholomäus* zu tun, sondern ist umgeformt aus rotwelsch *Barsel* = 'Brecheisen'. Die eigentliche Bedeutung ist also 'wo man mit dem Brecheisen das Geld holt'. Ebenfalls aus der Gaunersprache, dem Rotwelschen, stammen *Blech, Kies,*

Gerstl, Flins, Plattl, Pulver. Die Grundbedeutung von *Gerstl* ist 'Rollgerste, Graupen'; *Flins, Flinserl* sind 'glitzernde Metallplättchen (etwa Gold)'; *Plattl* meint ursprünglich 'Hufeisen für Ochsen'. Beim Verb *platteln* = 'zahlen' darf wohl auch gleichbedeutend tschechisch *platit'* mit in Betracht gezogen werden. Statt *platteln* sagt man auch *blechen*: „Die Frau und die Töchter kaufen sich neue Kleider, und der Vater muss fleißig blechen." Gaunersprachlich *Blech* = 'Geld' ist bereits im 15. Jahrhundert nachweisbar. Belege für *Gerstl* finden sich in der Literatur. „..., Johanna werde sein Gerstel schon zusammenhalten" (Lion Feuchtwanger, »Erfolg«). „Kegelscheiben, das hätt ich für mein Leben gern getan, aber es ist halt nie gegangen, weil 's Gerstl alleweil zu wenig war" (in einer Gespenstergeschichte von Franz Schrönghamer-Heimdal).

In der Sprache haben alte Münzbezeichnungen überlebt: *Heller, Kreuzer, Groschen, Pfennig.* „Auf Heller und Pfennig" gilt gemeindeutsch. Bei uns sagte man früher, vor allem zu Kindern: „Tu deine Kreuzerln schön sparen." Und trotz Euro und Cent wird sich der Ausdruck *pfenninggut* halten in der Bedeutung 'noch einwandfrei, gut brauchbar, wenngleich benutzt'. Als „pfeningguad" empfiehlt der Verkäufer ein zwar leicht angerostetes, aber funktionstüchtiges Fahrrad. Die hochsprachliche Form lautet *Pfennig*, in Dialekt und Umgangssprache endet das Wort auf *-ing* – wie auch der frühere österreichische und britische *Schilling* bzw. *shilling*, und unsere Bezeichnung für die 2-Cent- und früher für die 2-Pfennig-Münze stellt sich ebenfalls in diese Reihe: *Zwoaring* (= *Zweiering*).

Für andere Münzen sind Verkleinerungsformen üblich: *Fünferl, Zehnerl, Zwànzgerl, Fuchzgerl, Màrkl, Zwickl* (früher: 2-DM-, jetzt: 2-Euro-Münze). Zum Abschluss der 3. »Sommerakademie für bairisches Volksschauspiel« (Gesamtleitung Michael Lerchenberg) boten die 15 Teilnehmer/innen im August 2008 im Kleinen Theater Landshut »Um a Fünferl an Durchanand«, eine bunte Auswahl von Szenen aus Bühnenstücken in bairischer Mundart. Viele Jahrzehnte lang gab es keine 20er-Münze, und dennoch wurde ein Betrag von 20 Pfennig als *Zwànzgerl* bezeichnet. „Meine Veigerl ham a Zwanzgerl kost", steht in Lena Christs »Erinnerungen einer Überflüssigen«. In der Euro-Währung gibt es nun ein 20-Cent-Stück, und das Wort *Zwànzgerl* stand schon bereit dafür.

Notscherl, mundartlich für 'mühsam zusammengespartes Geld, Notgroschen', hat seinen Ursprung in österreichisch *Nedsch* (kleine Münze); dieses geht zurück auf das ungarische Zahlwort *négy* = 'vier', und so wurde auch die frühere ungarische Vier-Kreuzer-Münze genannt. Mit volksetymologischer Anlehnung an *Not* ist unser *Notscherl* entstanden. Von Leuten, die finanziell gut gestellt sind, sagt man: „Die haben Geld wie Heu", in Bayern und Österreich aber auch „Geld wie Mist".

Statt „meine paar Notscherl" hört man auch „meine paar Kröten" – bei dialektfesten Altbayern allerdings eher selten. Denn das Wort *Kröte* ist nicht geläufig. Diese Froschlurche mit plumpem, aufblähbarem Körper und warziger Haut (Bufonidae), heißen bei uns anders. Eine der vielen mundartlichen Bezeichnungen – neben *Hetsch, Hetschen (Heedsch(n))*, *Muhme* (*Mouma*) – ist *Brooz*. Kaum jemand ahnt, dass dieser Dialektausdruck den hochsprachlichen Wörtern *Protz, protzig* zugrunde liegt; *protzen* meinte ursprünglich 'sich aufblähen wie eine Kröte'. Der Regensburger Straßenname „Am Protzenweiher" erinnert an den *Protzenweiher*, den Platz, auf dem vor dem Bau des Rhein-Main-Donau-Kanals zweimal im Jahr die Dult stattfand. Die Örtlichkeit heißt keinesfalls deswegen so, weil etwa dort früher Geldprotzen, also reiche Leute, gewohnt haben, sondern weil es dort einen sumpfigen Weiher gab, wo sich *Broozn*, also Kröten, tummelten und wohl auch paarten.

Der Prangertag
Fronleichnam und andere Kirchenfeste

Mit dem Wort *Fronleichnam* kann man wenig anfangen; die Bedeutung 'Leib des Herrn' (zu ahd. *frô, frônes* 'Herr'; vgl. *Fronarbeit, -dienst, frönen*) erschließt sich heutzutage nicht ohne weiteres. Die volkstümliche Bezeichnung *Prangertag* hingegen ist verständlich; sie bringt zum Ausdruck, dass an diesem Fest alles *prangt*: Die Straßen, die Fenster, die vier Altäre sind überreich geschmückt mit Blumen, die Menschen tragen Festtagskleidung, die Mädchen haben Blumenkränze im Haar, *Prangerkranzl*. Darum wird das Fest auch *Kranzltag* genannt.

Ein anderer alter Name ist *Antlass-Pfinzta*, das heißt 'Ablass-Donnerstag'. Im 16. Jahrhundert hat Martin Luther vehement gegen den damals üblichen Ablasshandel der Kirche gekämpft – und damit auch gegen das Fronleichnamsfest, das aber in katholischen Gebieten umso prunkvoller begangen wurde, eben als *Prangertag*, als Demonstration von Katholizität.

Schauen wir uns ein paar weitere traditionelle altbayerische Feiertage an. Eine Reihe von Marienfesten zieht sich durch das Kirchenjahr. Beim gläubigen Volk ist die Muttergottes *Unsere liebe Frau*. Am 15. August wird der *Große Frauentag* begangen, Mariä Himmelfahrt (theologisch korrekter: Aufnahme Mariens in den Himmel), am 8. September der *Kleine Frauentag*, Mariä Geburt. Die 30 Tage zwischen dem 15. August und dem 12. September (Mariä Namen) sind der *Frauendreißiger*. Die Form *Frauen-* darf nicht als Mehrzahl missverstanden werden; es handelt sich um den alten Genitiv Singular (*eine Frau, einer Frauen*). Deshalb heißt auch der Münchner Dom *Frauenkirche* (< *unserer lieben Frauen Kirche*). *Frauenkäferl* ist eine volkstümliche Bezeichnung für den Marienkäfer.

Ein Marienfeiertag ist auch der 2. Februar, Mariä Lichtmess, mittelbair. ausgesprochen *Liachtmess*, nordbair. *Läichtmess, Läimess* (Zwielaut nach mhd. *lieht*). Dieser Tag galt als das Ende des bäuerlichen Jahres, die *Ehalten* (Knechte und Mägde) erhielten ihren Jahreslohn ausbezahlt und konnten

zu diesem Zeitpunkt auch die Stelle wechseln. „Heint is Läichtmess, do is
mei Johr aus. / Do nimm i mei Ranzerl / und mach a kloins Tanzerl / und
gäih beim Tor naus". So erklärt sich auch die Redensart „Für uns zwoa
is Liachtmess" im Sinne von 'unsere Verbindung, Gemeinsamkeit hat ein
Ende, wir werden uns trennen'. Anfang Februar durften sich die bäuerlichen
Dienstboten ein paar freie Tage gönnen, die *Schlànkl-* oder *Schlenkltage*
(*schlànkeln, schlenkeln* = 'schlendern, sich herumtreiben'), auch *Kälberweil*
genannt. Das war dann ihr Jahresurlaub.

Der Tag nach Lichtmess, also der 3. Februar, ist der Tag des hl. Blasius, des
Patrons bei Halskrankheiten, an dem der *Blasiussegen* erteilt wird, die Gläubigen lassen sich *einbläsln*. Man erzählt sich folgende Geschichte: Der neue
Kobratter (= Kooperator, heute: Kaplan, Vikar) hatte sich die lateinische
Formel des Blasiussegens auf einen Zettel geschrieben und in die Hosen-
tasche geschoben, damit er sie immer wieder lesen und auswendig lernen
konnte. Als er aber dann zum *Einblaseln* ging, hatte er eine andere Hose an,
konnte also in der Sakristei den Text nicht mehr rekapitulieren. Was tun? Er
war der Meinung, dass sowieso keiner der Gläubigen auf das achten würde,
was er zwischen den gekreuzten brennenden Kerzen murmeln würde. Als
Segensformel verwendete er dann: „I blaslt di ei, i blaslt di o, wia-r i's dahoam in da Hosn drin ho."

Hollerküchel und heiße Maroni

Von Äpfeln, Birnen und anderem Obst

Im Wonnemonat Mai ist die Natur erwacht, Bäume und Sträucher stehen voll belaubt und bereits in Blüte, das leuchtende Gelb des Löwenzahns überzieht die Wiesen. Zum 'Löwenzahn' sagt man hier allerdings *Mil(ch)-scheckl*, weit verbreitet ist auch *Milchdistel*. Der *Holler* blüht, und die Bäuerin weiß, dass um diese Zeit die Hühner weniger Eier legen. Sie tröstet sich mit der Erfahrungstatsache: „Hollerblia macht d Hena mia" (*'Hollerblüh* (= -blüte) macht die Hühner müde'). »Hollerblüah« ist der Titel eines Gedichtbands von Olga Hartmetz-Sager. Unklar bleibt, was mit *Holler* gemeint ist, entweder 'Holunder' oder aber 'Flieder'. Wenn einer seiner Liebsten mit einem *Hollerbuschn* seine Aufwartung macht, ist wohl anzunehmen, dass es sich um einen Fliederstrauß handelt. Holunderblütendolden, in flüssigen Teig getaucht und im schwimmenden Schmalz goldbraun herausgebacken, ergeben *Hollerküchel(n)* (mittelbair. *-kiachi*, nordbair. *-käichl*). „Saftige Zwetschgendatschi und, zur Zeit der Blüh, schmalzwarme Hollerküchln" (Wolfgang Johannes Bekh). Die innen mit weichem Mark gefüllten Holunderzweige eignen sich für Buben hervorragend, um daraus eine *Hollerbüchs* zu basteln, indem sie das Mark herausbohren. „Die Buben haben, jeder mit zwei oder drei Hollerbüchsen, heftig geballert; Meisterschützen konnten 4 bis 5 Meter weit schießen" (Erika und Adolf Eichenseer, »Oberpfälzer Ostern«).

Mit dem gemäßigten Fluch *Kreuz-Birnbàm-(und-)Hollerstaun/-stauan* soll aufs Obst übergeleitet werden. In einem Roman von Wolfgang Johannes Bekh werden mehrere Apfelsorten aufgezählt, er nennt „einen Bonapfel, einen Zitronenapfel, einen Kardinalsapfel, einen Winter-*Marischantger*". Eine andere Variante des wohl aus dem Tschechischen kommenden Wortes für die Sorte 'Borsdorfer' findet sich bei der niederbayerischen Schriftstellerin Maria Mayer: „Alte Bäume tragen die lieblich schmeckenden *Machansker* und die guten Lederäpfel". Die 'Frühäpfel, Klaräpfel', eine frühe Sorte mit hellgrüner Schale, heißen *Jakobsäpfel* (*Jackas-Epfl/Epfe*), da sie bereits um Jakobi (25. Juli) zu ernten sind. – *Apfal-tar, -tra*, das alte Wort für 'Apfelbaum', steckt in Ortsnamen wie *Affalterbach, Altfalterbach, Effeltrich* und in Familiennamen wie *Abfalterer*. Der 'Baum' heißt in anderen germanischen Sprachen *tree, træ, tré* (englisch, dänisch, isländisch), verwandt mit grch. *dendron* (vgl. *Rhododendron*). – Die eigentümliche Schreibung verschleiert, dass der Name der oberpfälzischen Marktgemeinde „Pyrbaum" nichts anderes meint als 'Birnbaum'. Die alte Form war nämlich *bir*, ahd. *pira*, entlehnt aus lat. *pirum, pira*. Neuhochdeutsch *Birne* erhielt den Wortausgang durch Übertragung der Flexionsendungen (Genitiv, Dativ, Akkusativ Singular und alle Pluralformen: *biren, birn*).

Kàschdàne ist die mundartliche Aussprache von 'Kastanie'. Wie aber lässt sich erklären, dass sie auch als *Kestn-* oder *Kesslbaam* bezeichnet wird? Schon im Mittelalter gab es die eindeutschende Kurzform *kesten(e)* mit Erstsilbenbetonung und Umlautung (*e < a*). Ferner darf eine volksetymologische Anlehnung an *Kessel* (mundartlich auch *Kestl*) angenommen werden. – Die Früchte der vor allem im Süden gedeihenden Edel- oder Esskastanie nennt man bei uns *Maroni* – nicht etwa *Maronen*. *Heiße Maroni*, vom *Maroni-Brater* frisch geröstet, sind von keinem Christkindlmarkt wegzudenken. – Die 'Kirschen' heißen auf Bairisch *Kersch*; beide Formen stammen aus dem Lateinischen (*ceras(i)um* nach grch. *kerásion* – jeweils mit *e*!), die Sauerkirsche ist als *Weichsel* bekannt. Mit diesem uralten Wort (verwandt mit russisch *vinšja* 'Kirsche') haben unsere Ururahnen wohl die wild wachsende einfache Holzkirsche bezeichnet, bevor im 2. Jahrhundert die Römer die Sauerkirsche eingeführt haben, auf die der Name übertragen wurde. – Die mundartnahe Bezeichnung für *Walnuss* (mit langem *a* gesprochen, nicht *Wall-*!) ist *Welschnuss*. Sowohl *Wal-* als auch *Welsch-* verweisen auf die Herkunft aus einem romanischsprachigen Land (lat. *nux gallica*, ins Mittelhochdeutsche übersetzt als *walhisch nuz*). – Vielfältig sind die Bezeichnungen für die 'Johannisbeeren'. Wegen des traubenartigen Fruchtstands nennt man sie *Wei(n)birl*. In meiner Kindheit war das *Wei(n)birlzupfa* im Sommer eine Beschäftigung für die ganze Familie. Auf eine lautliche Besonderheit des Nordbairischen geht *Kannesbeer* zurück: Anlautendes *j* erscheint ersetzt durch *g* (wie in *Goua, goong, Gack* für 'Jahr, jagen, Jakob'), demnach wird aus *Johannes > Gehannes > Ghannes > Kannes*, wie es auch in *Kannesblouma* = 'Arnika' vorkommt. Im Bayerischen Wald sagt man zu den 'Johannisbeeren' *Ribisl*, was in Österreich ebenso standardsprachlich ist wie *Paradeiser* für 'Tomaten'. – Bezeichnungen für verschiedene Arten von getrockneten Traubenbeeren sind: *Rosinen, Sultaninen, Korinthen, Zibeben*. In Christian Morgensterns »Möwenlied«, das mit den Zeilen beginnt: „Die Möwen sehen alle aus, als ob sie Emma hießen", stehen die Verse: „Ich schieße keine Möwe tot, / ich lass sie lieber leben / und füttre sie mit Roggenbrot / und rötlichen Zibeben." Auch die Mundart kennt *Ziweem* als Backzutat.

Von Kraut und Rüben …

… und falschen Beeten

Die wichtigsten Feldfrüchte sind wohl die *Kartoffeln*. Als Bezeichnung für die aus Amerika eingeführte essbare Knolle wurde *tartuficolo*, das italienische Wort für 'Trüffel', verwendet, bereits im 17. Jahrhundert eingedeutscht als *tartoffel*, dann dissimiliert zu *Kartoffel*. Im Dialekt hat sich der Name *Erdäpfel* erhalten. Das männliche Geschlecht von *Apfel* wurde auf das Fremdwort übertragen; deswegen heißt es bei uns *der Kartoffel*, und die Mehrzahl tritt oft ohne *-n* auf. Vor vielen Bauernhöfen liest man, mit Kreide auf eine Tafel geschrieben: „Kartoffel zu verkaufen" – selbstverständlich nicht nur „einen Kartoffel", sondern größere Mengen davon. Dass *Kartoffel* in der Standardsprache weiblich gebraucht wird, geht wohl auf regionalsprachlich *Erd-* oder *Grundbirn(e)* zurück.

Viele Sorten von Rüben gibt es. In den bairischen Dialekten weist das Wort keinen Umlaut auf, es heißt mittelbair. *Ruam*, nordbair. *Roum*, verhochdeutscht wäre das: *Ruben*. Ein Sprichwort lautet: „Wia da Acka, so d'Ruam,/ wia da Voda, so b'Buam", auch mit der Fortsetzung: „d'Techta aggrat wia d'Muada,/grod no grässare Luada" – oder, näher an der Hochsprache: „… wie die Mutter, so die Töchter,/bloß a bissl schlechter". Ein unhöflicher Mensch beiderlei Geschlechts wird als *gscheade Ruam* (*gescherte Ruben*) abqualifiziert.

Karotten oder Möhren, anderswo auch als Mohrrüben bekannt, heißen in Altbayern *Gelbe Rüben* (*Gäiwe Ruam, Gäiruam* – *Gölwe Roum, Gölroum*). Manche rötliche Rübenarten werden als *Rannen* bezeichnet, allen voran die *Roten Rüben*, die, gekocht und in Scheiben geschnitten, als Gemüse- oder Salatbeilage geschätzt werden. Unverständlicherweise ist diese Bezeichnung fast völlig verdrängt worden vom niederdeutschen Pendant *Rote Bete* (aus lat. *beta* 'Rübe'). Das einheimische Wort für diese Rübenart ist *Rote Rannen* (*Roude Rahna*). Niemand wird fordern, dass diese Bezeichnung in der Beschriftung von Gemüsekonserven erscheint. Aber von bayerischen Firmen könnte man sehr wohl „Rote Rüben" erwarten – statt der lächerlichen Fehlschreibung „Rote Beete" – rote Beete sind Gartenbeete mit rotem Bewuchs! Ein Vorschlag: Beide Varianten gehören aufs Etikett, auf die eine Seite „Rote Rüben", auf die andere „Rote Bete" (mit einfachem *e*!), nach dem Vorbild quasi zweisprachiger Aufdrucke wie „Meerrettich / Kren" oder „Radler / Alsterwasser".

Die großen Futterrüben sind die *Sauruben* (*Sauruam*), 'Kohlrüben' nennt man *Dorschen*. Aus *Soachlruam / Soichlroum*, einer kleinen weißen Rübensorte, wird das *Rübenkraut* hergestellt, indem man sie fein häckselt, salzt und im Fass einlegt; es ist die ideale Beilage zu Ripperln. In Bayern weitgehend unbekannt und damit irreführend ist „Rübenkraut" für Zuckerrübensirup als Brotaufstrich.

Gleichgültig, was man unter *Rübenkraut* versteht, *Kraut* ist weder im einen noch im anderen Sinn in der Bedeutung von 'Kohl' verwendet, der bei uns *Kraut* heißt. Das *Weißkraut* verarbeitet man zum *Sauerkraut* – auch wenn wir alle im Gedächtnis haben, was Wilhelm Busch über die Witwe Bolte schreibt: „Dass sie von dem Sauerkohle / Eine Portion sich hole …". Der Autor von »Max und Moritz« stammte aus der Gegend von Hannover, und deswegen war ihm *Sauerkohl* geläufig, auch wenn er längere Zeit in München gelebt hat. „Blaukraut bleibt Blaukraut und Brautkleid bleibt Brautkleid" lautet ein bekannter Zungenbrecher. Über die tatsächliche Farbe von *Blaukraut* oder *Rotkraut*, *Rotkohl* kann man streiten, nicht aber darüber, dass die landesübliche Bezeichnung für alle Kohlsorten *Kraut* ist. Auf den Speisekarten finden sich *Krautwickerl* ('Kohlrouladen', mit Hackfleisch gefüllte Weißkrautblätter). Redensartlich verwenden wir: „Das macht das Kraut (auch) nicht fett" – anderswo steht *Kohl* drin – und „Der hat mir das Kraut ausgeschüttet", d. h. er hat mich zutiefst enttäuscht oder beleidigt, so dass ich mit ihm nichts mehr zu tun haben will. – Der 'Kohlkopf' heißt, neben *Krautkopf*, auch *Krauthäuptl*, *-häupl* (*Graudhaipl*, *-haipe*). Der Vergleich mit dem menschlichen *Kopf*, dem *Haupt*, liegt nahe. Das lateinische Wort dafür ist *caput*, woraus sich über ahd. *kabuz* unser *Gabess* entwickelt hat, das dem Kölner *Kappes* entspricht. Da könnte nun jemand einwenden, dass es auch bei uns *Blumenkohl* heißt, nicht etwa „Blumenkraut". Dem ist zu erwidern, dass dieses Gemüse bis weit ins 20. Jahrhundert hinein als *Karfiol* bezeichnet wurde.

25

Über solche Benennungssperenzien erhaben ist als einzige Kohlsorte der *Wirsching.* Die Aussprache mit *rsch* ist ebenso legitim wie bei *Arsch, Hirsch, Kirsche,* die in der alten Sprache *ars, hirs, kirse* lauteten. Im Egerland hat man den 'Wirsing' *Kapustn* genannt; es ist eine Entlehnung aus tschechisch *kapusta.*

Boshaft wie
ein winniger Hund

Winnig, sierig und bairische Alternativen für „sehr"

In einer Erzählung von Emerenz Meier, der Dichterin aus dem Bayerischen Wald, wird über einen Burschen gesagt: „Er is so boshaft wia a winniger Hund", und Franz Schrönghamer-Heimdal schildert einen vor Zorn bebenden Menschen so: „Der Schaum ist ihm vor dem Mund gestanden wie einem wünnigen Hund". Was ist mit *winnig* (ausgesprochen: *winig, wine*) gemeint? Im Zusammenhang mit einem Hund lässt es sich mit 'tollwütig' übersetzen. Wird es auf einen Menschen angewandt, dann steht es für 'wütend, rasend' oder 'gierig, erpicht, versessen'. Auch dazu ein Beleg von Schrönghamer: „Ein Weiberleut hab ich damals im Kopf gehabt, und geheiratet hätt ich wünnig gern".

Dem Sinn nach ähnlich ist *sierig* (auch in den Formen *sirig, sirrig, sire, sirö, sirrert* auftretend). „Ganz sire is's gwen aaf an Schweinsbron mit Gnel" ('ganz wild, gierig, versessen auf einen Schweinsbraten mit Knödeln'). Die Grundbedeutung des Dialektworts ist 'wund, entzündet, schmerzend, druckempfindlich'. „Ganz sirrert tagsüber im Kopf. Krank gelegen in der Hütte", erzählt der alte Wenzel aus seinem Leben (Werner Fritsch, »Cherubim«). Andere Nuancen sind: 'aufgebracht, mürrisch, unwillig, verdrossen, grantig' sowie 'zornig, wütend, böse': „Ja, wann er net gar so sirrig waar. – Waals sirö gwen hand aafanana" (Emerenz Meier, Reinhard Haller).

Kurz zur Herkunft der genannten Wörter. *Winnig* ist abgeleitet vom althochdeutschen Verb *winnan* = 'sich abmühen, kämpfen', aber auch 'wüten, rasen'. Das geläufige Verb *gewinnen* ist davon abgeleitet, dessen Grundbedeutung 'durch Mühe erreichen' ist. – *Sirig* gehört zum alten Wortstamm *sêr*, der weiterlebt in *versehren, unversehrt* – und überraschenderweise auch in der häufig gebrauchten Verstärkungspartikel *sehr* (Grundbedeutung: 'schmerzlich, gewaltig, heftig').

In mundartlicher Rede wirkt das Adverb *sehr* störend; es erweist sich als Anleihe aus der Standardsprache. Stattdessen gebrauchen wir andere Adverbien wie etwa: *recht, arg, gescheit (gscheid), fest, stark, schwer (schwàr), gehörig (gheare), hübsch, ziemlich, unbàndig, sàckrisch, mentisch, nàrrisch* und andere mehr. Probieren wir es aus, indem wir eines davon einbauen in Sätze wie: „Es hat uns … gefreut; das reut ihn …; es tut … weh; wir danken euch …; sie haben uns … enttäuscht".

Auch bei den im Bairischen verwendeten Alternativen für *sehr* liegt Bedeutungsentleerung vor: *recht* – eigentlich: 'gerade, richtig, geeignet, passend'; *arg* – 'böse, übel, niederträchtig'; *gescheit* – 'intelligent, klug'; *fest* – 'stabil, hart, nicht flüssig'; *stark* – 'unbeugsam'; *schwer* – 'gewichtig'; *gehörig* – 'wie es sich gehört'; *ziemlich* – 'geziemend, angemessen'; *unbàndig* – 'ungestüm' (ursprünglich von Hunden: 'nicht durch ein Band = Leine gehalten'; vgl. *bändigen*); *sàckrisch, mentisch* – gekürzt aus *sakramentisch*; *nàrrisch* – 'verrückt'. Im Verschwinden begriffen ist das Adverb *laut* im Sinne von 'auffällig'. Gelegentlich noch im Gebrauch ist *laut spinnen* für 'sich sehr verrückt benehmen'. „Geh, spinn hold ned goa so laud!" fordert man jemanden auf, doch wieder vernünftig zu werden. Früher sagte man auch: „'s Essn schmeckt laud", also vortrefflich.

Zu *ziemlich, sich ziemen* gehört das bairische Eigenschaftswort *zeam*, das ist die mundartliche Lautform von *ziem* (mhd. *gezæme*). „A zeame Musi" gibt es, „a zeams Gwand". Das Wort gerät zunehmend außer Gebrauch; man sagt stattdessen eher *zünftig*. Fast will man's nicht glauben, dass *zeam* und *zünftig* aus derselben Wurzel stammen: *zünftig* ist von *Zunft* abgeleitet, und dieses ist das Abstraktum zu *ziemen*, vergleichbar mit *(An-)kunft* zu *(an-)kommen*.

Leck mich …

Die feinen Nuancen des Götz-Zitats

Im 3. Akt von Goethes Schauspiel »Götz von Berlichingen« schreit der Titelheld, der „Ritter mit der eisernen Hand", in höchster Erregung zum Burgfenster hinaus: „Mich ergeben! Auf Gnad und Ungnad! Mit wem redet ihr! Bin ich ein Räuber? Sag deinem Hauptmann: Vor Ihro Kaiserliche Majestät hab ich, wie immer, schuldigen Respekt. Er aber, sag's ihm, er kann mich im Arsch lecken!" So lautet das Götz-Zitat im Original; darauf folgt die Bühnenanweisung: „Schmeißt das Fenster zu".

Auch wenn die heute übliche Variante mit der Präposition *am* statt *im* weniger drastisch klingt, sie kann, an unrechter Stelle geäußert, immerhin 1000 Euro kosten. Das musste ein Bosnier erleben, der Polizisten gegenüber eben dieses Götz-Zitat verwendete, als er radelnd in der Landshuter Fußgängerzone erwischt und sein Fahrrad konfisziert wurde. Gute Chancen auf einen Freispruch hätte dagegen ein Einheimischer mit bairischer „Goschn" gehabt, „der die sprachlichen Feinheiten schon mit der Muttermilch eingesogen hat" (so in der Urteilsbegründung). Das Landgericht Landshut befand, dass dem Bosnier im Affekt wohl kaum die Feinheiten der bairischen Sprache geläufig gewesen seien, und hat ihn wegen Beamtenbeleidigung verurteilt. Pech für ihn.

Vielleicht hat der Arme die Redensart auch noch in standardnaher Artikulation von sich gegeben: mit hartem, behauchtem *ckh*, *mich* statt *mi*, und *Arsch* mit hellem *a* (statt mit einem dem *o* angenäherten Vokal) und deutlich zu hörendem *r*, womöglich mit Kehlkopfknacklaut (ʔ, siehe dazu in E·2) vor den anlautenden Vokalen: ʔam ʔArrsch. Das kann nur als verbale Aggression interpretiert werden. Allein schon die bairische Aussprache mildert die Aggressivität: *Legg-me-am-Oosch*, weich gebunden (legato) und in einem Atemzug gesprochen, klingt's weniger scharf als in preußischem Stakkato. Drastische Originalität besitzt die derbe Aufforderung: „Leck mi im Orsch, na brauchst koa Brotzeit!", worauf schlagfertige Antwort kommt: „Wannst ma dei Zunga leichst und dein Orsch mit Honig ei-streichst".

27

In Ludwig Thomas Einakter »Die Dachserin« stellt der Herr Amtsgerichtsrat fest, das Götz-Zitat gehöre zum Alltagswortschatz der Baiern. Georg Queri schrieb 1913, dass „der wohl nicht ganz lobenswerte Ausdruck sehr häufig gebraucht wird, oft nur aus purer Gewohnheit, ohne beleidigende Absicht, z. B. als Ausruf des Staunens". Aus eigener Erfahrung wissen wir, dass die „LMA-Formel" durchaus nicht ausschließlich schroff beleidigend sein muss (wie bei Goethe: 'Lass mich in Frieden! Scher dich zum Teufel!'), sondern auch Respekt oder gar Bewunderung signalisieren kann.

Die Bedeutungsnuancen hängen ab von der Betonung. Bescheidet jemand die Zumutung seines Gegenübers ab mit: *Am Orsch leckst mi!*, *Am Orsch konnst mi lecka!* (mit Akzent auf *Orsch*) oder *Geh, leck mi do am Orsch!* (mit Akzent auf *Orsch* bzw. *leck*), so ist dies sicher als brüske Zurückweisung zu verstehen. Liegt aber der Satzakzent auf der ersten Silbe und wird diese gedehnt gesprochen – *Lää-ggmi-am-Orsch!* oder *Mii-leckst-am-Orsch!* –, so drückt das Verwunderung, Überraschung, Enttäuschung aus – oder sogar Anerkennung, ja Bewunderung. Dasselbe gilt für die Kurzformen *Mí leckst!* oder *Mi léckst!* Ein Student etwa kommentiert die vom Professor gestellten Prüfungsfragen mit einer dieser Floskeln, ein Konzertbesucher äußert damit seine Bewunderung für die perfekte Leistung der Musiker, ein Alpinist seine Begeisterung über seine anstrengende, aber höchst lohnende Bergtour. Völlig harmlos ist ein als Interjektion gebrauchtes *O leck!* Die Herkunft aus dem Götz-Zitat wird nicht mehr wahrgenommen; es bedeutet nichts anderes als „Auweh!" Ein Lied des „Bluesrockgstanzlpoeten" Martin Pilz aus Regenstauf hat den recht fremdländisch anmutenden Titel „Omei Obou Oleg" (2008). In diesem Refrain steckt der Ausruf seines Freundes, der, weil er unter Rückenbeschwerden leidet, beim Aufrichten von der Arbeit aufstöhnt: „O mei, o Bou, o leck!" Humoristisch eingesetzt gilt „LMA" als die feinste bairische Maßeinheit, wenn man sagt: „Ums Orschlecka passt's ned eini" oder: „Es faid/fåld grod ums Morschlecka" 'es fehlt nur um eine winzige Kleinigkeit'. Die Variante *Mo(r)schlecka* kommt zustande durch falsche Wortabtrennung: *am O(r)sch > a Mo(r)sch*. Der letzte Laut von *am* ist an den Vokal des folgenden Wortes angewachsen (Agglutination), ähnlich bei mundartlich *Nast, Nassel* für 'Ast, Assel' (*an Ast, an Assl > a Nast, a Nassl*).

Will man in einem Wirtshaus eine Unterhaltung mit den schweigend dasitzenden Stammgästen anknüpfen, genügt als Einstieg oft „Ja, do leckst mi (am Orsch)", was dann die Frage provoziert, was denn passiert sei – und schon ist man im Gespräch. Andererseits lässt sich ein Disput, in dem penetrant immer weitere Einzelheiten erfragt werden sollen, abbrechen mit: „Wissts wos? Am Orsch kinnts mi lecka." Eine besonders krasse Ablehnung stellt das Götz-Zitat mit Verlängerung dar: „Du konnst mi kreuzweis am Orsch lecka", auch mit der Fortführung „... und rundrum und so hoaß, wiast as daleidtst" (so heiß, wie du es *derleidest* = 'verträgst'). Daraus abgeleitet ist die scheinbar verhüllende Formel: „Du konnst mi kreuzweis!". „Da hab ich bloß gedacht, Heut könnt ihr mich einmal kreuzweis" (Werner Fritsch, »Cherubim«). *Kreuzweis* ist zweifellos beleidigend, obwohl weder *Arsch* noch *lecken* darin vorkommen; dies gilt ebenfalls für die Andeutung: „Du konnst mi amol/amoi".

Wie fest verankert das Götz-Zitat im Alltagswortschatz ist, beweisen folgende Ausdrücke. Ein langweiliger, widerlicher Kerl ist schlicht und einfach ein *Leck-mi-am-Orsch*: „Midm Schori, dem rinnaugadn Leck-mi-am-Orsch, konnst oafach ned redn." Eine interesselose, fade, gelangweilte Miene kann als *Leck-mi-am-Orsch-Gesicht* bezeichnet werden. Ferner bildet man Komposita wie: *Leck-mi-am-Orsch-Gefühl, -Haltung, -Stimmung*. Und wer da behauptet, es gäbe keine bairische Entsprechung für den norddeutschen Ausdruck *Schmuddelwetter*, dem sei gesagt: Das ist eben *a Leck-mi-am-Orsch-Weda*.

Ganz schön vielseitig, was da alles drinsteckt im Götz-Zitat – mi leckst!

Radlrutsch und Schusser

Kindheit in den 50er Jahren

Zur Freizeitgestaltung brauchen die Kinder heute eine Menge teurer Geräte: Handy mit allen Schikanen, Walkman, iPod und wie die Dinge alle heißen, von Radio, Fernseher, CD- und DVD-Player, Internet, Rollerblades, Skateboards ganz zu schweigen. Selbst zum Radlfahren braucht man heute mehr als ein Radl, nämlich Sturzhelm und die entsprechende Kleidung.

Wie einfach war das Kinderleben doch vor einem halben Jahrhundert! Versetzen wir uns hinein in das einfache Leben der frühen Nachkriegsjahre. Fast alle Buben hatten eine *Lederne* an, eine *Kurze*, eine lederne *Buxn* (herzuleiten von *Buckhose* 'Hose aus Bocksleder'), meist aus unverwüstlichem derbem Chromspaltleder, mit deutlichen Benutzungsspuren, die zum Teil bereits vom älteren Bruder oder vom Nachbarsbuben stammten, von dem die Hose übernommen wurde. 1883 hatte sich der Lehrer Josef Vogl aus Bayrischzell für den Erhalt der kurzen Lederhose eingesetzt und den ersten Trachtenerhaltungsverein gegründet. Im 20. Jahrhundert befreite sich die Kurze von der Bindung an die alpenländische Tracht, wurde in den Kaufhäusern zu verhältnismäßig günstigen Preisen angeboten und war in den 1940er und 1950er Jahren beliebt bei den Buben in ganz Deutschland: ein ungemein praktisches Kleidungsstück, das keiner Pflege bedurfte und das man, zusammen mit einem weißen Hemd, sogar an Sonn- und Feiertagen anziehen konnte. Die Mädchen trugen *Kleidln*, darüber oft auch ein *Schürzl*. Lederhose und *Dirndl* waren das ganz normale *Gwand*, also die Alltagskleidung, und weit entfernt von dem, was jetzt als Landhausmode chic ist und fast nur zur Dult, zum Gäuboden- oder Oktoberfest getragen wird.

Wenn man nicht barfuß lief – und das war in allen Monaten ohne ein „r" im Namen, konnte aber auch bereits im April und noch im September sein –, dann waren an den Füßen *Kläpperl*, oft vom Vater oder Onkel selbst gefertigte einfache Riemchensandalen; die hießen so, weil sie beim Gehen ein klapperndes Geräusch machten. Waren die Schuhe abgetreten, *owi-gschelcht* (zum Adjektiv *schelch* 'schief', ahd. *skelah*), gab es nicht etwa neue, die alten wurden zum Schuster gebracht zum *Doppeln* ('Besohlen'). Mobiler als zu Fuß waren die Kinder, die ein *Radlrutsch* besaßen, also einen einfachen hölzernen Roller. Die *Seifenkistl* (*Soaffa-, Soiffmkistl*) dienten als Rennautos. In nostalgischer Erinnerung an jene uns fern gewordene Zeit werden auch heute wieder „Seifenkistl-Rennen" veranstaltet. In den 50er Jahren hatte kaum eine Familie ein Auto, der Vater höchstens einen *Schnàckler*, ein Leichtmotorrad mit ein paar PS und maximal 50 ccm Hubraum.

Nicht alle Haushalte besaßen einen Radioapparat; man behalf sich mit einem *Detektor*, der ohne elektrischen Strom funktionierte. Da das Gerät nur zum Kopfhörerempfang reichte, saß die ganze Familie um den Tisch, alle durch Kabel mit dem Detektor verbunden, und einer stocherte mit dem Metallstift in der kleinen Scheibe Bleiglanz-Kristall im Glasröhrchen, bis der Empfang eines Senders optimal war.

Den größten Teil ihrer Freizeit verbrachten die Kinder im Freien, und da waren einfache Bewegungsspiele sehr beliebt, zu denen man keine Hilfsmittel brauchte und die man fast überall spielen konnte. Nicht nur bei den Spielregeln, sondern auch bei den Bezeichnungen gab es zahlreiche Varianten.

Auf der Straße spielte man *Häuslhupfen* (auch *Hupfhäusl*) oder *Klipp-klapp*. Zum einen genügte ein Stück Kreide – im Notfall auch ein kleiner Ziegelbrocken – zum anderen zugespitzte Stecken von den überall wuchernden Haselnuss- oder Hollerstauden. Zum *Schussern* dienten aus Lehm gebrannte Kugeln, dazu vielleicht ein paar gläserne *Paroler*, die als wertvolle Schätze gehandelt wurden. Das Wort *Schusser*, mundartlich auch *Schuisser, Schoisser*, ist eine Ableitung zum Verb *schießen* (*schuissn, schoissn*, vgl. *Schuss*). „Dàmma schussern?" hieß es, „Wollts Schuissa rickeln (wickeln)?" oder „Wollts ei-àrwln?" Die Bezeichnung *Murmel* war damals unbekannt, dafür aber das aus demselben Wortstamm entstandene *Àrwe, Àrwl*. Beide Wörter gehen auf *Marmel* = 'Marmor' zurück, das Material, aus dem die Kugeln ehedem bestanden. Bei bair. *Àrwel* ist wohl von frz. *marbre* auszugehen, mit deglutiniertem Anlaut und Dissimilation *-rbr > -rbl*, dann Lautersatz (*-rwl* statt *-rml*; vgl. *Irwl, Iawe* 'Ärmel'). Eine andere Bezeichnung für 'Schusser' war *Paroler, Baroller*. „An Dracha hom ma selba gmacht, as Loam zum Schussan de Parola", findet sich in dem Gedichtband »So is mei Schloch« von Fritz Morgenschweis, der in Sulzbach-Rosenberg aufwuchs und schließlich Generalvikar der Diözese Regensburg war. *Paroler* gebraucht man noch heute in übertragener Bedeutung für 'hervortretende Augäpfel, Basedow-Augen'. „Gell, do treibt's da bBaroller aussa" meint dasselbe wie „Gell, do schaugst" ('da staunst du'). Im »Bayerischen Wörterbuch« der Bayerischen Akademie der Wissenschaften findet sich beim Stichwort *Paroler* die Angabe „Herkunft unbekannt". Dabei ist es ganz einfach: Beim Schussern gab es neben den einfachen Kugeln aus gebranntem Ton die selteneren und wertvolleren gläsernen Paroler. Mit ihnen konnte man bei geschicktem Einsatz das Spiel gewinnen. *Paroler* dürfte herzuleiten sein von frz. *jouer à paroli* 'um den doppelten Einsatz spielen' (vgl. die Funktion von *Kontra* beim Spielen um Geld, ebenso den hochsprachlichen Ausdruck *Paroli bieten*). Das französische Wort ist übernommen aus dem italienischen Diminutiv zu *paro* 'gleich'.

Hölzerne Reifen, aber auch ausgediente und rostige Fahrradfelgen dienten zum *Roafdreim* (Reif-Treiben). Zu den kleinen 'Kreiseln', aus Holz gedrechselt (*dràxld*), die mit einer Geißelschnur (*Goasl-*) getrieben wurden, sagte man *Dràller*, auch die größeren Blechkreisel hießen so (zu bair. *dràan* = 'drehen', verhochsprachlicht käme „Dreheler" heraus; *Dràller* bezeichnet auch den Wasserwirbel im Fluss).

Aufregend waren *Versteckerl* und *Fangamàndl* (eigentlich: 'Fang-ein-Männlein') oder *Fangerl*, *Fangsterl*, in Regensburg *Versteckei*, *Fanggei*, in frankennahen Regionen und in der nördlichen Oberpfalz *Versteckerles*, *Fangerles*. Wer zum Suchen oder Fangen dran war, musste *einluren*, das heißt, sich die Augen zuhalten oder in eine Ecke hinein *luren* (= schauen) und bis 50 oder 100 zählen, bis die Mitspieler ihren Schlupfwinkel gefunden hatten. (*Luren* ist verwandt mit hochsprachlich *lauern* und mit *Loreley*: Der Name des berühmten Felsens im Rheintal bedeutet 'Auslug-Stein'; die Fee der Sage, die den Fischer auf dem Kahn ins Verderben lockt, hat ihren Namen vom Fels.) Beim *Abschlagen* gab es einen Freiplatz, der hieß *Bammes*, *Bemmes*, *Bampes* oder *Bame*, *Baume*; dort – an einem bestimmten Baum, einer gepflasterten Stelle oder einer Wand als Freimal – war man gegen das Abgeschlagenwerden sicher, wenn man dieses Wort rief. Es kommt in

zahlreichen Varianten vor. Wahrscheinlich leitet es sich her von *bammen* = *bannen* in der Bedeutung 'sicherstellen, den Ruheplatz erreichen'. Die Assimilation *n > m* erfolgte wegen des Anlauts *b*; Lautungen mit *au* oder hellem *à* lassen sich erklären durch Anlehnung an *baumen* 'fliehen'. Aus der Oberpfalz ist folgender Auszählvers überliefert: „Bama, bama, Hopfnstanga, wer draßn stäiht, mou Ratzn fanga". Auch das Spiel selbst konnte *Bammen* (*Bama, Bàma, Bauma*) heißen. Andere einfache Kinderspiele waren *Räuber und Schàndi* (Gendarm) und *Schneider, leich ma dei Schàr* ('… leih mir deine Schere').

Bei Familien- und Vereinsfesten gab es als Kinderbelustigung *Sackhupfen, Wurschtschnappen* und sie durften *Rennads làffa* (Wettrennen). Kleinere Kinder wurden auf die Schulter genommen, *buckelkràx(en)* getragen; das Wort *huckepack* kannte man nicht. Die Buben kletterten, wo immer möglich, auf die Bäume, auch wenn die Eltern das *Bàmkràxeln* gern verboten hätten. Ein Stück Brett oder ein fester Prügel an zwei Sticken befestigt, oben an einen Baumast gebunden – und schon konnte man *hutschen*. Eine solche Hängeschaukel heißt nördlich der Donau nicht *Hutschn, Hudschn*, sondern *He(e)tschn* oder *Hegadschn*, im Chiemgau *Schutzn*.

Am Weiher konnte man *plàtteln, plàtschgeln* oder *flàcheln*, d. h. flache Kieselsteine über die Wasseroberfläche tanzen lassen. Ein anderes Wurfspiel, bei dem es galt, flache Steine oder Münzen auf ein Ziel zu werfen, ist völlig in Vergessenheit geraten: das *Bràckeln, Bràcken* oder *Bràck werfen*. Im Winter war es ein beliebtes Vergnügen, nach einem Anlauf mit Schwung über eine Eisfläche zu gleiten, zu *schleifen*. Im Norden der Oberpfalz sagte man dazu *hetscheln, hescheln*, im Südosten Bayerns *schliefetzen*. Große Rodelschlitten hatten nur wenige. Man rutschte mit kleinen Holzschlitten den Hang hinunter. „Der Pfarrer freute sich mit den Kindern, die auf ihren Geißeln über den Freithofhügel sausten" steht in den Erinnerungen der Schriftstellerin Maria Mayer (aus Hauzenberg). Mit *Geißeln* (*Goassln, Goissln*) sind natürlich nicht etwa junge Geißen (Ziegen) gemeint, sondern einfache kleine Schlitten. Übrigens stammt das Wort *rodeln* aus dem Bairischen. *Rudeln, rodeln* bedeutet 'rollen, kugeln', geht wahrscheinlich auf lat. *rotulare* zurück (zu *rota* = Rad). Demnach ist *Rodel* ein Gefährt, mit dem man im Schnee den Berg quasi 'hinunterkugelt'. Mit dem Wintersport hat sich das ursprünglich alpin-bairische Wort *die Rodel* verbreitet; das männliche Geschlecht wurde übertragen vom Kompositum *Rodelschlitten*. Und das im obigen Zitat stehende *Freithof* ist kein Tippfehler; im Mittelhochdeutschen hieß der Gottesacker *frithof*, das meint 'gefreiter Platz'. Dass wir heute *Friedhof* haben, beruht auf volksetymologischer Anlehnung an *Frieden*.

In d'Stod eini,
auf Amerika ummi

Orts- und Richtungsadverbien

Welchen Luxus sich das Bairische leistet mit der Vielfalt von Richtungsanga-
ben, demonstriert Joseph Berlinger in seinem Gedicht »A lange Wanderung«
(1977): „Zersd bin e owe / na int umme / eant fire / voan affe / om hintre
/ hint eine / drin one / om ausse / draussd owe / und int wieda affa. / Wos
moisd / wäi mäid daß e äitz bin!" Welchen Weg ist der Wanderer gegangen,
der ihn so müde gemacht hat? Der erlebte Raum erscheint sprachlich perfekt
gegliedert durch Richtungsadverbien: 'hinunter, hinüber, nach vorn, hinauf,
nach hinten, hinein, hinaus, hinunter, herauf'. Eine besondere Stärke des
Bairischen ist es, die Welt von der Sprecherperspektive aus in Bewegungs-
richtungen zu zerlegen.

Die bairischen Richtungsadverbien sind zweiteilig wie die des Standarddeutschen und bestehen aus denselben Bauteilen, nämlich aus *her/hin* und einer
Präposition (*ein, aus, auf, ab* usw.). Jedoch treten in den meisten Gegenden
Altbayerns diese Elemente in umgekehrter Reihenfolge auf: die Präposition
steht am Anfang. *Eini, owi (oo-e), aussi, auffi/àffi, durchi* sind aufzulösen als
'einhin, abhin, aushin, aufhin, durchhin', und *eina, owa, aussa, auffa/àffa* als
'abher, einher, ausher, aufher'. Bei den jeweils beiden letzten verschmelzen
die Lautfolgen *s-h, f-h* zu *ss, ff*, wodurch die Silbe kurzvokalisch wird. In
manchen Gegenden taucht für 'einhin' die einsilbige Verkürzung *eĩ* auf:
„Geh no ei as Haus" (Geh nur hinein ins Haus).

Die Richtung 'vom Sprecher weg nach vorn' wird mit *fiari* (< *für-hin*) angegeben, 'auf den Sprecher zu nach vorn' mit *fiara* (< *für-her*): „Geh fiari in
de erschte Reih, dassd wos sigst. Wos zàrstn do fiara?" (Was zerrst du denn
da hervor?). Entsprechendes gilt für *hintri/hinti* (< *hint(er)-hin*), *hintra/
hinta* (< *hint(er)-her*). Ein hochsprachliches Pendant fehlt auch für *oni* (<
anhin). „Mia ham de Plakate an d'Went one pappt" ('an die Wand (hin-)
geklebt'). Statt 'hin-/herüber' hat der Großteil Altbayerns *ummi, umma,*

die mittlere und nördliche Oberpfalz aber *iwi, iwa* (< *üb(er)hin, üb(er)her*).
Umma bedeutet auch 'vorbei'; der Text eines bekannten Herbstlieds beginnt
so: „Da Summa is umma, falln d'Laawa vom Baam". Neben *ummi, umma*
gibt es die Formen *numm, rumm*. Eine Anordnung der Wortteile wie in der
Hochsprache kommt nämlich ebenfalls vor, und zwar in den Mundarten
des westlichen Altbayern sowie in den städtischen Verkehrssprachen und:
nẽĩ, nauf, naus, rẽĩ, rauf, raus usw. Eine Ausnahme liegt vor mit *nòò, ròò* (<
(hi)nab, (he)rab); diese Formen sind basisdialektale ländliche Alternativen
zu *òwi, òwa*.

Es ist klar, dass im Wortausgang der Sprecherstandpunkt zum Ausdruck
kommt. Erfolgt die Bewegung von ihm weg, tritt *-i* oder *-e* (< *-hin*) auf, geht
sie auf ihn zu, steht *-a* (< *-her*). Prinzipiell kennt auch die Standardsprache
diese Feinheit. Allerdings gerät dieses System zusehends ins Wanken unter
dem Einfluss der norddeutschen Umgangssprache, in welcher die mit *her*-
präfigierten und dann verkürzten Formen verallgemeinert sind: *rein, raus,
runter, rüber* usw. Die von rechtsextremen Schmierern an eine Hauswand
gesprayte Parole „Ausländer *raus*!" erledigt sich bereits sprachlich von selbst:
Die so etwas schreiben, sind selber draußen – nämlich außerhalb unserer
Gesellschaftsordnung. „*Raus* mit euch!" kann an sich nur rufen, wer sich
selber außen befindet ('zu mir heraus'); weist man hingegen andere, die sich
im selben Raum aufhalten, an, diesen zu verlassen, müsste es korrekt heißen „*Naus* mit euch!" (*hinaus*). Ebenfalls als irgendwie unkorrekt wird die
Ortsangabe „hier draußen" empfunden; *draußen* impliziert nämlich, dass
sich der Sprecher innen befindet, und das Wort *hier* besitzt keine Dialektdeckung. Befindet sich jemand im Haus, stellt er fest: „Do draußt stengan a
Hauffa Leid" ('dort draußen'). Ist aber der Sprecher selber im Freien, ruft er
ins Haus hinein: „Do heraußt stengan a Hauffa Leid" ('da heraußen').

Wird besonderer Nachdruck auf die Richtung einer Bewegung gelegt, kann
hin gedoppelt auftreten, einmal vor und einmal nach der Präposition. Wenn
gemeint ist: 'Ganz nach vorn sollst du es tragen', sagt man: „*Hi*-fiari sollst
as tragn!". Wortbildungen wie *hifiari, hihintri, hiaussi* usw. bestehen aus
den Elementen *hin* (stark betont) + *für/hinter/aus* + *hin*. Derlei Doppel-
setzungen findet man auch in Lageadverbien wie *hervorn, herhint(en), her-
unt(en), heroben, herauß(en)/heraußt* usw. 'vorn, hinten, unten, oben, außen,

wo sich der Sprecher befindet, zu dem her die Bewegung erfolgen soll'. In *hinum und herum* ('nach der einen und nach der anderen Seite') sind *hin, her* stark betont. „Und ich dreh mich hinum und herum, träum und wälzle allerhand", erzählt Wenzel in Werner Fritschs »Cherubim«.

Wie eine Seuche ausgebreitet hat sich *hoch* als Ersatz sowohl für *hinauf* als für *herauf*; nicht wenige Zeitgenossen halten das sogar für einwandfreies Deutsch. In einem niederbayerischen Gasthof beschrieb mir die ansonsten Dialekt sprechende Wirtin den Weg zu meinem Zimmer, indem sie sagte: „Gengan S' oafach de Stiang do hoch." Warum hat sie denn nicht *auffi* oder *nauf* gebraucht? Wenn jemand mich auffordert: „Komm *hoch* zu mir!", sage ich zu ihm: „Komm doch lieber du *tief*". Das Gegenteil von *hoch* ist nun einmal *tief* oder *niedrig, nieder* (*hoch-/niederkommen* als antonymisches Begriffspaar) – genauso wie *lang* das Gegenstück zu *kurz*, weswegen man „Hier geht's lang" bei uns als störend empfindet. Wir fahren weder den Berg *hoch* noch spazieren wir die Straße *lang*, sondern den Berg *hinauf* (*nauf, auffi/ affi*), ebenso die Straße *hinauf* (*nauf, auffi/affi*) oder *hinunter* (*nunter, owi*) oder gehen ganz schlicht die Straße *entlang*.

Nur ungern begnügt sich der Dialekt damit, eine Richtung ausschließlich mit einer Präposition anzugeben, es besteht das Bedürfnis, jeweils noch ein Ortsadverb dazuzusetzen, z. B. „am Dooch *drom*, im Kella *drunt*. Er is in'n Brunn *ooe*-gfalln/-gfoin" ('auf dem Dach, im Keller, in den Brunnen gefallen'). Die Frage, wo man gewesen sei, zu beantworten mit: „in Hamburg" oder „in Frankreich, in China" wirkt unhöflich kurz; angemessener erscheint: „z'Hamburg *drom*, in Frankreich *der(a)nt*, in China *hint*". Auch Aussagen wie: „Wir fahren in die Stadt, nach München, ins Gebirge, nach Furth, nach Amerika; sie kommen aus der Stadt, vom Land, von Straubing" werden präzisiert durch Andeutung der Lage des Orts: „in d'Stod *eini*, auf Minga *àffi/auffi*, in b'Berg *eini*, auf Furth *hintri*, auf Amerika *ummi*, vo da Stod *aussa*, vom Land *eina*, vo Straubing *àffa/auffa*.

Maßgeblich für die Wahl des passenden Adverbs ist nicht ausschließlich die Geographie – den Fluss auf- oder abwärts, auf der Landkarte nach Norden hinauf, nach Süden hinunter, über ein (ehemaliges) Hindernis hinweg (Gewässer, Bergrücken, Wald, Moor) –, auch sozial relevante Gesichtspunkte spielen herein. In jeder Ortschaft gilt ein spezielles und nur für diese stimmiges „Richtungsbild". Das jeweilige Gefüge von *auffi/àffi, owi, ummi, hint(r)e* usw. ist für die Einheimischen eine Selbstverständlichkeit, Zugezogene werden es nie recht durchschauen.

In der Schriftsprache sind 'herzu, hinzu' viel seltener als die entsprechenden mundartlichen *hin-/her*-Kombinationen mit *zu: zuawi/zouwi, zuari* (< *zuo-hin*) und *zuawa/zouwa, zuara* (< *zuo-her*), wobei die sonst strikte Differenzierung zwischen den *hin-* und *her*-Formen gelockert erscheint. Zu 'Fernglas' sagt man sowohl *Zuawizàra* als auch *Zuarizàra* (*Zuhin-, Zuherzerrer*). „'s Essn wàr firte, aber es kimmt koana zuara", ärgert sich die Hausfrau. Einem Schüchternen ruft man zu: „Traust di net zuawa zu uns?" In literarisierter Schreibung findet sich: „Wo die Wondreb ganz nah zuher läuft. Da läuft der Bach noch einmal zuhin" (W. Fritsch); und: „Und hat niemand zuhin gekonnt, durchs Explodieren." In der Mundart der nördlichen Oberpfalz würde es lauten: „... zouwi kinnt ...".

A Flaschl Bier und a Kracherl

Bairische Diminutive

In weiten Teilen des deutschen Sprachraums kommen Verkleinerungsformen (Diminutive) im Gespräch weit öfter vor als in der Standardsprache. Eine Häufung von Diminutiven – wohl ironisierend – begegnet uns etwa in einem Satz in Eugen Okers »Lebensfäden«, wo es ums *Kripperl* geht: „Die kleinen Wachsengerln sind weiß eingekleidet worden, das bleiche Kahlköpferl hat ein Kranzl mit weiße Papierröserln aufgekriegt, man hat das bißl Kinderl ein bißl aufgebahrt, die Kinder haben Blumen und Heiligenbildln drum herum gelegt." Statt 'ein bisschen, ein wenig' heißt es im Bairischen *a bissl, a bisserl, a weng, a wengerl* .

Das Niederdeutsche bildet Diminutive mit einer Endung, die ein *k* enthält (*Männeken*), weiter südlich ist es *ch* (*Männchen*) und der gesamte oberdeutsche Raum bedient sich einer Ableitung auf *l* (*Männlein*). Das mittelhochdeutsche Suffix *-lîn* hat sich in den süddeutschen Mundarten entwickelt zu schweizerisch *-li*, schwäbisch *-le*, fränkisch *-la* und bair. *-l*: *Spätzli – Spätzle – Spätzla – Spàtzl*. Vom bairischen Diminutiv-*l* nicht immer klar zu trennen ist der Wortausgang *-el*, allenfalls am Genus. Verkleinerungsformen sind Neutra (vgl. dagegen: *der Sessel, Knödel, Löffel; die Deichsel, Gabel, Geißel* usw.). Bair. *Kuchel, Kuchl* für 'Küche' ist Femininum, *Hausl* ('Hausknecht, Hausmeister') und *Küchel* (*Kiachl, Kiache, Käichl*) sind Maskulina; da *Küchl* aber für die Verkleinerungsform von *Kuchen* gehalten wird, hört und liest man nicht selten *das Küchl*. Auch bei *Wàdl* 'Wade' schwankt das Geschlecht; neben *der Wàdl* hört man auch *das Wàdl*, so als würde es sich um eine Verkleinerungsform handeln. *Schwàmmerl* 'Pilz' ist ein Diminutivum auf *-erl* zu *Schwamm*, wird aber meist mit männlichem Geschlecht verwendet, seltener ist *das Schwàmmerl*. Merkwürdig erscheint die Rückbildung *Schwàmmer* („Gemma heid in d'Schwamma?"); ähnlich *der Stamper* zu *das Stàmperl* 'Schnapsglas'. Die Namen etlicher Speisepilze enden auf *-(er)l*, so etwa *Reherl, Recherl, Rehgeißl* (*-goissl*) 'Pfifferling' oder *Täuberl* 'Täubling'.

Nicht immer beinhaltet die Endung *-l* wirklich eine Verkleinerung, eher eine vertraute oder spöttelnde Beziehung zum Benannten. „Ein nervöser

Büromensch, der nur ein *Flascherl* Kognak kaufte. – Er spürte eine Sehnsucht danach, unten in dem *Kircherl* eine Messe zu lesen" (Petra Morsbach, »Gottesdiener«). Man denke an Beispiele wie *Gartentürl, Hosentürl, Häusl,* an Rufnamen wie *Gretl, Gustl, Màxl,* an abfällig gebrauchte Namensformen wie *Urschl, Durl, Hiasl* ('einfältige, ungeschickte weibliche bzw. männliche Person'; zu *Ursula, Dorothea, Matthias*). Vielfach ersetzt der formale Diminutiv das einfache Wort: *Kleidl, Schürzl, Büchl, Bildl, Kopftüchl, Blüml* (jeweils in mundartlicher Lautung) sind in dialektnaher Umgangssprache geläufiger als *Kleid, Schurz, Buch, Bild, Kopftuch, Blume(n)*. Manche Bezeichnungen existieren nur in der Diminutivform, auffallend viele davon im Bereich Essen und Trinken: *Brathendl, Ripperl, Fleischpflanz(er)l, saures Lüngerl, Grill-Pfandl, Steckerlfisch, Rahmschwammerl, Würstl, Haferl Kaffee, Nussbeugerl* sowie andere *Schmankerl*. Weitere Beispiele aus der großen Zahl von solchen idiomatisierten Diminutiven sind *Springerl, Kràcherl, Kriecherl, Guatl, Zàmperl, Wimmerl, Suierl, Ràdl, Kàlwl/Kàiwi, Gickerl, Bummerl, Eichkàtzl, Schwàlwerl/Schwàiwal, Stàrl, Zeiserl, Woaserl* ('Limonade (2 x), kleine runde Pflaumensorte, Bonbon, kleiner Hund, Pustel, Herpesblase, Fahrrad, Kalb, Gockel, Stier, Eichhörnchen, Schwalbe, Star (*der Stàrl*), Zeisig, Waisenkind'). Was in Berlin „Grüne Minna" genannt wird (Polizeifahrzeug zum Gefangenentransport), heißt in Altbayern *Zeiserlwagen*. Ein *Schnauferl* ist ein Kraftfahrzeug mit schwachem Motor, ein Kleinauto (wie das legendäre „Goggomobil" der 1950er und 1960er Jahre, gebaut von der Fa. Glas in Dingolfing, oder der „Leukoplastbomber" der Marke „Lloyd") oder ein Leichtmotorrad, das auch als *Schnàckler* bezeichnet wurde. Wortbildungen wie *Herzipopperl, Herzbinkerl* ('von Eltern oder Lehrern bevorzugtes und verhätscheltes Kind') und Adjektive wie *pumperlgsund, zeckerlfett* ('kerngesund, wohlgenährt') dürfen hier nicht vergessen werden. Das Wort *Herzkàsperl* klingt recht lustig, der medizinische Befund ist jedoch durchaus ernst: 'Herzrhythmusstörungen' oder sogar 'Herzinfarkt'.

Manchmal liegt Bedeutungsdifferenzierung vor, das einfache Wort bezeichnet etwas anderes als die dazu gebildete Diminuierung. Mit *Glas, Glos* meint man das Material, mit *Glàsl* hingegen das gläserne Trinkgefäß als Maßeinheit, *Glàserl* ist dazu die Verkleinerung: „Trink ma no a Glaserl Wein?" Als *Flaschn* wird ein Versager bezeichnet, man gönnt sich aber „a *Flàschl* Bier oder zwoa". Die 'Tabakspfeife' heißt *Pfeiff* oder *Pfeifferl*, die 'Trillerpfeife' hingegen immer *Pfeifferl*. Man kauft *Salatpflànzln, -pflànzerl*, unter einer *Pflanzn* aber versteht man das gleiche wie unter *Gwàchs, Urviech*: eine 'spitzbübische, originelle Person'. *Bock* (*Boog*) bezeichnet ein männliches Tier (*Geiß-, Schaf-, Rehbock*) oder die Biersorte *Bock*, mit *Bockerl* aber ist eine kleine Dampflokomotive gemeint, die Nahverkehrszügen vorgespannt war. Auch der von einer solchen gezogene Eisenbahnzug hieß *Bockerl*. Bis in die 60er Jahre des vorigen Jahrhunderts verkehrte von Regensburg aus das „Walhalla-Bockerl" (zwischen Stadtamhof und Wörth an der Donau) und bis in die frühen 80er Jahre hinein das „Falkensteiner Bockerl" (zwischen Wutzlhofen und Falkenstein). Mit dem „Hollerdauer Bockerl"konnte man von Freising nach Mainburg fahren. Kleine Eisenbahnen in Vergnügungs-parks und auf Volksfesten heißen noch immer *Bockerl*. „Do gehts her, Kin-der", ruft der Opa, „derfts Bockerl fahrn. I zahl's euch."

Erklärenswert ist das Wort *Pflanz(er)l* als Bezeichnung für das, wozu man in anderen Regionen *Frikadelle, Bulette, Fleischküchle* oder *faschierte Laberl* sagt. Natürlich kann es nicht von *Pflanze* kommen. Ursprünglich hieß das Gericht *Pfanzl*, und dies ist eine Zusammenziehung aus *Pfann(en)zeltel*, also ein in der *Pfanne* gebratenes *Zeltel* im Sinn von 'Speise'. – Das in die Schrift-sprache übernommene Wort *Schmankerl* für 'Leckerbissen, Delikatesse, Rarität' dürfte zusammenhängen mit *Schmant* (*Schmand*), einem Lehnwort aus dem Slawischen (vgl. tschechisch *smetana* 'Milchrahm'). Die nicht mehr geläufige Grundbedeutung von *Schmankerl* ist die 'in der Rein angelegte süße Kruste, das *Ràmmerl*'. Aus der Diminutivform mhd. *smantelín* kann durch Gutturalisierung (*nt > nk*) *Schmankerl* entstanden sein. Vergleichbare Beispiele für diese Lautentwicklung liegen vor mit: *schlingen < schlinden* (vgl. *Schlund*); *Mankei* ('Murmeltier') < *murmente* < lat. *murem montis*; auch die mundartliche Aussprache *gschwink* für 'geschwind' ist hier zu nennen oder Ortsnamen wie *Wolferszwing* (*-wing < -wind*; Gemeinde Bernhardswald, Landkreis Regensburg), *Ollatschwing* (Schreibform: *Alletswind*; Gemeinde Zell, Landkreis Cham).

Die um einen Vokal bereicherte Endung *-al* (< mhd. *-elín*) tritt wohl häufi-ger auf als einfaches *-l*. Substantive mit Wortausgang *-n* oder *-l* können nur mit diesem erweiterten Suffix diminuiert werden: *Engerl, Beserl, Schàmmerl*,

Tàferl (zu *Engel, Besen, Schemel, Tafel*). »Reserl mitm Beserl« ist der Titel einer Sammlung von volkstümlichen Versen und Redensarten von Wolfgang Johannes Bekh. Die *Tàferlbuben* gehen bei Umzügen vor den Vereinen her mit einem Schild, auf dem der Name der Gruppe steht, der sie voranschreiten. Auch der österreichische Wallfahrtsort Maria Taferl ist hier erwähnenswert.

Das Suffix -[al] wird eindeutig als Verkleinerung verstanden. Meist schreibt (und denkt) man *-erl*, in Anlehnung an Formen wie *Fenster-l, Zucker-l, Kàsper-l, Màrter-l* (zu *Marter* 'bildliche Darstellung des Leidens Christi'), wo das *-l* an das auf *-er* endende Grundwort antritt: *Köpf-erl, Kopf-erl, Hand-erl, Làmp-erl* ('kleine Lampe' oder 'Lämmlein').

Ist *n* der letzte Laut eines Wortes, so schiebt sich als Sprosskonsonant ein *-d-* vor die Endung: *Màndl, Wàndl, Beindl, Steindl, Hörndl, Körndl, Sterndl* (z. B. *Sterndlwerfer* 'Wunderkerze'), *Schweindl* und *Àhndl, Màriàndl, Heindl* (zu: *Ahne, Marianne, Heinrich*). Bei einigen Wörtern hat sich *-dl* als Schreibform durchgesetzt, z. B. bei *Brathendl* und *Dirndl* (Kleidungsstück) und in *Heindl* 'kleine Gartenhaue mit herzförmigem Blatt' (eigentlich: *Häundl* < *Häunl* zu bair. *Hàu* 'Haue'). Andere Wörter findet man mit oder ohne den Einschub (*Bründl* oder *Brünnl*). *Dirndl* für 'Mädchen' tritt in den Lautungen *Diandl* oder *Deandl* auf (in Gegenden, die das Diminutivsuffix *-ei* verwenden, als *Dirnei*); gleichbedeutend sind *Màdl* und nordbair. *Moidl* (beide von mhd. *maged(e)lîn*, zu *maget* 'Jungfrau'). Ohne artikulatorische Notwendigkeit erscheint *-d-* in bestimmten Wörtern sogar vor *-erl*: *Mànderl, Sternderl, a guads Weinderl*; auch bei *Màndei* überrascht das *-d-*. Vielen noch in Erinnerung ist das *Schweinderl*, das Sparschwein, in das Robert Lemke beim »Heiteren Berufe-Raten« die Münzen steckte.

Wenigstens kurz soll eingegangen werden auf die mit der Diminuierung einhergehende Umlautung des Stammvokals, worin sich das Bairische nicht immer mit der Schriftsprache deckt. Man hört *Kugerl, Vogerl* neben *Kügerl, Vögerl* [i, e]; *Hoserl* ('Höschen') verzichtet immer auf den Umlaut. Beim Vokal *a* gibt es zweierlei Arten von Umlaut. Die Mehrzahl zu *Hand* lautet *Hent* (Primärumlaut *e*, auch singularisch: *de denke Hent* 'die linke Hand'), im Diminutiv *Hàntal* jedoch erscheint der Sekundärumlaut *à* (artikulatorisch auf halbem Weg zwischen *a* und *e*; siehe dazu Kapitel 36).

Von der Fletz
auf die Gred hinaus

Bairisches um Haus und Hof

Um Haus und Hof soll es hier gehen, speziell darum, etliche Ausdrücke ins Gedächtnis zu rufen und sie damit vor dem Vergessenwerden zu bewahren.

Der *Schieß, Schiaß, Gschiaß* oder die *Schiassn* ist die Giebel- oder Firstseite des bäuerlichen Wohngebäudes. An seiner vorderen Längsseite findet sich die *Gred*, eine erhöhte, gepflasterte (früher auch hölzerne) breite Antrittsfläche. Auf dieser konnte man ins Haus gelangen, ohne den früher meist sehr schmutzigen Hofraum betreten zu müssen, in dessen Mitte sich die *Miststatt* befand, aus der die *Mistlacke*, der *Odel* rann. In der Heimatliteratur kommt häufig die *Gredbank* (*-beng*) vor: „Er saß auf der Gred vor seiner Hirwa und schmauchte sein Pfeifchen" (Maximilian Waldschmidt). „Der alte Austragler hockt auf der Gredbank und wärmt sich ein wenig auf" (Georg Lohmeier). Aber auch in Sachtexten findet man das Wort *Gred*. So heißt es etwa in der Beschreibung eines Bauernhauses im Freilandmuseums Neusath-Perschen: „Der Gredboden ist mit Granitplatten ausgelegt". In neuer Bedeutung ist *Gred* im Gebrauch als Bezeichnung für einen Aufbau aus Latten und Brettern, der am Straßenrand zum Verkauf von Obst oder Gemüse dient. Damit ist es zu einem Synonym für *Bawalatschen* geworden im Sinne von 'wackeliges Gerüst, Gestell; provisorische Bühne' (siehe dazu Kapitel 13). *Gred* ist wohl von lat. *gradus* 'Stufe' bzw. *ingredi* 'eintreten' herzuleiten.

In manchen Gegenden verwendet man *Schießen* auch in der Bedeutung 'Haus'. Es heißt etwa „Dia olte Schäissn is zamgfolln" (nordbair.). Wenn sich Freunde humorvoll begrüßen mit dem Spruch: „Laß di griassn, oide Schiassn" (mittelbair.), so deckt sich das mit der weit verbreiteten freundschaftlichen Anrede „altes Haus". Auch eine originelle Redensart gibt es mit *Schieß, Schießen*. Wenn es heißt: „Dem hams an Schiaß owaputzt" oder „d'Schiassn owa-, runtergweißt", so meint das: Er ist derb zurechtgewiesen, vielleicht sogar geohrfeigt oder verdroschen worden.

Betritt man von der *Gred* aus das Haus, so kommt man in den *Hausgang*; das Wort *Flur* war früher nicht üblich. Den mit Steinplatten oder Ziegeln gepflasterten Bereich, von dem aus auf der einen Seite der Zugang zu *Stube* (*Stum*) und *Kuchl* ('Küche') war, auf der anderen zum Stall, hat man auch als *Tenne(n)* (*Deena*) bezeichnet. Heute noch einigermaßen geläufig ist dafür *Fletz* (*die Fletz*, weiblich; auch männlich oder sächlich: *der/das Flöz, Fleez*). Sogar der Duden führt das Wort auf; in der Bedeutung 'abbaubare Kohleschicht' ist *Flöz* gemeindeutsch. „Die Mutter lag in der Fletz, im Vorhaus aufgebahrt", schreibt Anna Wimschneider (in »Herbstmilch«), und „Als wir von der Trauung zurückkamen, stand die Schwiegermutter im Fletz". Die Bezeichnung bleibt nicht auf das mundartnahe Schrifttum beschränkt. In Georg Dehios »Handbuch der deutschen Kunstdenkmäler« (1991) liest man in der Beschreibung des kleinen Landschlosses in Münchshofen (bei Teublitz) von einer „Halle, von der aus eine zweiläufige Podesttreppe den im Westtrakt gelegenen geräumigen Fletz erschließt". Unter der Dachschräge des Hauses ist das *O-seitl*, das als Abstellraum dient; auch ein kleiner Anbau an Haus oder Scheune wird so genannt. *Abseitl* scheint aus deutschen Wortteilen gebildet zu sein (*abseit-el*), ist im Mittelhochdeutschen als *abesîte* belegt, geht aber wohl auf lat. *apsida, apsis* zurück. Ein pavillonartiger Anbau, ein Wintergarten oder Gartenhaus heißt *Salettl* (< it. *saletta* 'kleiner Saal', mit bair. Diminutivendung).

Die alten Bauersleute, sobald sie ihr Anwesen an die jüngere Generation *übergeben* haben, sind *Ausnahmsbauer* und *-bäuerin*. (Anderswo spricht man von *Altenteil* oder *Ausgedinge*.) Das galt als eigener gesellschaftlicher Stand. Auf einem verwitternden Grabstein steht: „Hier ruht in Gott / Xaver Lintl / Ausnahmsbauer dahier". „Die Alten fühlten sich wie Gnadenhäusler, bis sie in ihr kleines Austragshaus über die Straße zogen" (Lieselotte Denk, »Heimat Los«). Stand ihnen ein *Zuhäusl* oder *Ausnahmhäusl* nicht zur Verfügung, mussten sich die *Austrägler* (*-trägler*) mit einem *Austragsstüberl* begnügen. In Petra Morsbachs Roman »Gottesdiener« (2004) heißt es von dem späteren geistlichen Herrn: „Er verzog sich zum Lernen in den ersten Stock ins Austragsstüberl, das nach dem Tod der Großmutter nicht ausgeräumt worden war und noch immer nach Urin roch". Obwohl *in den Austrag gehen* an sich auf den bäuerlichen Bereich beschränkt ist, wird der Ausdruck scherzhaft verallgemeinert für jeglichen Eintritt in den Ruhestand. *Austragspfarrer* übernehmen oft in einer anderen Pfarrei seelsorgliche Aufgaben; für solche pensionierte Geistliche gab es die (jetzt veraltete) Bezeichnung *Kommorant*, gebildet zu lat. *commorari* 'verweilen'. „Seinen Lebensabend verbrachte er als Kommorant in Freising", liest man in der Biographie eines früheren Landpfarrers.

Grawln tuat's da herinn und soichln aa.

Bairische Verben auf *-eln*

Das Bairische kennt viel mehr Verben auf *-eln* als die Hochsprache. Das hängt sicher zusammen mit der Vorliebe für Verkleinerungsformen wie *Stàngl, Bürstl, Bildl* anstelle der einfachen Wörter *Stange, Bürste, Bild*.

Bei den Verben steht allerdings weniger das diminuierende Element im Vordergrund, sondern eher das iterative, d. h. es kommt zum Ausdruck, dass die Handlung wiederholt ausgeführt wird. 'Häufig, intensiv, gern beschäftigt sein' trifft zu bei *gàrteln, kàrteln, dànteln, schnàpseln, broteln (broudln), sporteln* ('im Garten arbeiten, Karten spielen, tändeln, Schnaps trinken, Brotzeit machen, Sport treiben' – dazu *Sportler/in*). Diese Wörter stellen sich in eine Reihe mit Ableitungen von Substantiven auf *-(e)l*: *fiedeln, kegeln, kugeln, schlegeln* ('zappeln'), *odeln, bürsteln, ràdeln* zu *Fiedel, Kegel, Kugel, Schlegel, Odel, Bürstl* (Bürste), *Ràdl* (Fahrrad). Der gängigste Ausdruck für 'Wasser lassen, urinieren' ist *bieseln*. Im Gegensatz zu *schiffen, brunzen, seichen* (*soacha, soichn*), *zinseln*, die jeweils eine besondere Bedeutungsnuance aufweisen und nicht ohne weiteres unbeanstandet verwendbar sind, klingt *bieseln* recht neutral und zivilisiert; es liegt auf der gleichen Stilebene wie das nicht-bairische Verb *pinkeln*. „Wenn er biseln muss, kann er in die Hose biseln" (Robert Hültner, »Die Godin«). „Ein 25-Jähriger hatte sich gerade auf dem Parkplatz zum Bieseln hingestellt, als ihm ein Maskierter von hinten die Geldbörse aus der Gesäßtasche riss", stand im August 1998 in der »Mittelbayerischen Zeitung«. In McCormacks Buch »Tief in Bayern« findet sich der bemerkenswerte Satz: „Zu den ungelösten Problemen der Rechtspflege zählen die 'wilden Biesler' auf der Oktoberfestwiese, die sich weigern, die öffentlichen Toiletten zu Füßen der Bavaria zu benutzen und unbeirrbar an ihren 'unique irrigation practices' festhalten." *Bieseln* als lautliche Überlagerung von *nieseln* und *pissen* zu interpretieren ist verfehlt; denn diese beiden Wörter weisen keine Dialektdeckung auf.

'Mit einem Körperteil oder Werkzeug agieren, in Bewegung setzen' ist die Gemeinsamkeit in der Bedeutung bei *fuassln* (Kontakt mit den Füßen suchen, füßeln), *hàntln* (mit den Händen vorwärts bewegen), *hàxeln* (strampeln), *köpfeln, spitzeln* ('den Ball mit dem Kopf bzw. mit der Fußspitze abstoßen'; ein bayerischer Fußballspieler wird den Ball niemals *köpfen*, denn das bedeutet ausschließlich 'um einen Kopf kürzer machen'!), *schwànzeln* (mit dem Schwanz wedeln, schwänzeln), *stàngeln* (mit einer Stange hantieren). In den folgenden Sätzen aus Lieselotte Denks Roman »Heimat Los« könnte man das Wort *hanteln* missverstehen, wenn man meint, es sei vom Sportgerät *Hantel* hergeleitet: „Wenn sie das junge Paar sich mühsam zu den oberen zwei Kammern hinaufhanteln sah." Und: „Man hantelte sich an einer Eisenstange nach unten in den Keller." An anderer Stelle heißt es: „…, als habe sich ihr Lebenswille am Glauben hinaufgehantelt wie an einem Seil." Kirschen oder anderes Obst *stàngelt* man vom Baum. „Alles geht, und was nicht gehen kann, das hüpft und hatscht und haxelt" (Wolfgang Johannes Bekh, »Apollonius Guglweid«).

Bei *fremdeln, blödeln, schwäbeln, pfälzeln, böhmàckeln, welscheln* liegt als Bedeutung vor: 'sich verhalten wie ein Fremder, Blöder; reden wie ein Schwabe, Oberpfälzer, Böhme (Tscheche), Welscher (Italiener)'.

Schließlich gibt es noch weitere, ausschließlich mundartlich verwendete Gruppen von *-eln*-Verben. Das sind solche mit der Bedeutung 'unangenehm riechen oder schmecken nach etwas'. Von Substantiven leiten sich her: *bràndeln* 'nach Brand, Rauch riechen', *eiseln* 'nach Eisen schmecken', *grüneln* (*grealn*), *kàseln, fischeln, geißeln* (*goassln, goissln*), *rosseln, schwitzeln, schweißeln* (*schwoassln, schwoissln*), *seicheln* (*soachln, soichln*) 'nach grünem Gras, Käse, Fisch, Geiß, Ross, Schweiß, Urin riechen'. Zu Adjektiven gebildet sind: *rànzeln, säuerln, ràsseln* (zu *rànzig, sauer, ràss* 'scharf'). Am geläufigsten in dieser Gruppe ist zweifellos *gràweln* (*gràwen*) 'schimmeln, nach Moder riechen' (zu *gràb* 'grau'). „In seiner grindigen Zelle, wo altes Stroh und altes Bier vor sich hingrawen" (Carl Amery, »Die Wallfahrer«). Das Eigenschaftswort dazu ist *gràwlig*. „Den Kàs esst ees?" wunderte sich ein mit der feineren Lebensart nicht vertrauter Gast über den aufgetischten Roquefort (Edelschimmel-Käse), „Der is ja scho ganz grawlig."

Schwierig als einheitliche Gruppe zu fassen sind mehrgliedrige Wortbildungen wie *auftrübeln* (*àfdriawln, aufdriawen*) 'trüb machen, Schlamm im Wasser aufwühlen', in übertragener Bedeutung auch: 'Vergessenes wieder ans Licht bringen, erneut aufrühren': „Die alten Streitigkeiten soll man besser nicht auftrübeln." Ähnlich gebildet sind *abwàrteln* (*o-wà(r)tln*) 'einander beschimpfen, mit Worten streiten', *nachhinfotzeln* (*nochifotzln*) 'nachmaulen' (zu *Fotzen* 'Mund'), *anblümeln* (*o-bleamln, o-bleamen*) 'veräppeln' und *gschàfteln* 'wichtigtun'.

Hinsichtlich der Formenbildung zeigen alle *-eln*-Verben eine Besonderheit, die sie mit denen auf *-ern, -nen, -men* teilen. Nehmen wir den Satz „Na trommelt i's halt nomal" aus einer Szene von Karl Valentin. Wieso steht da „(ich) trommelt", woher kommt das *t* am Wortende? Das lässt sich folgendermaßen erklären. Auszugehen ist davon, dass *wandern, zeichnen* im Dialekt *wandan, zeichnan* ausgesprochen werden; in den Mundarten, die postvokalisches *l* vokalisieren (so etwa in Nieder- und Oberbayern), wird *trommeln* zu *drommen*. Die 1. Person Einzahl lautet demnach: *i wanda, zeichna, dromme*, was ja an sich nicht stören würde. Wenn man aber bedenkt, dass das Personalpronomen mindestens ebenso häufig hinter dem Verb steht wie davor, dann käme es zu Fügungen wie *na wanda i, zeichna i, dromme i* (dann wandere, zeichne, trommle ich). Um derlei Zusammenstoßen von zwei Vokalen zu vermeiden, wird ein konsonantischer Puffer eingeschoben, ein Hiat-Trenner, wie das sprachwissenschaftlich heißt. Das Französische kennt diese Erscheinung ebenfalls; es heißt zwar *il a* ('er hat'), in der Frage aber tritt ein *t* als Hiat-Trenner auf: *a-t-il?* ('hat er?'). *Na wandad i, zeichnad i, drommed i* sind als Ausgangspunkt zu nehmen für die Grammatikalisierung des *t*-Einschubs in der Flexion der Verben auf *-eln, -ern, -nen, -men*, was dazu führt, dass die 1.-Person-Einzahl-Form genauso lautet wie die der 3. Person: *i oatnad, er oatnad; i ärgad me, er ärgad se* (ich/er ordne/t, ich/er ärgere/ärgert mich/sich).

Ob eppa a Weda kimmt?

Von Blitz und Donner, Regen und Hagel

Wer des Dialekts nicht mächtig ist, staunt bei der Frage, ob etwa ein Wetter kommt. Ein Wetter, das haben wir doch jederzeit, entweder ein gutes oder ein schlechtes. Was soll also die Frage, ob eines kommt? Man muss wissen, dass *Wetter* im Bairischen auch die Sonderbedeutung 'Unwetter, Gewitter' hat. Wird der Himmel schwarz und grollen die ersten Donner, dann zündet die gläubige Familie eine *Wetterkerze* an, meist ein schwarzes Wachsstöckl, und versammelt sich zum Gebet. *Wetterläuten* und *Wetterschießen* sind Versuche, ein drohendes Gewitter durch Glockengeläut oder Böllerschüsse zu vertreiben.

Mit »Wödaschwüln« hat Emerenz Meier ihre großartige Ballade überschrieben, in der ein vor Eifersucht verzweifelnder Knecht beim Ackern sein Leid den Zugochsen klagt:

> Mi würgt der Wind, mi druckt der Tag –
> Hü, meine Öchsl, hü! –
> Schwül wirds, es kimmt a Wödaschlag,
> … …
> Und daß mi's Mensch iatz nimma mag?
> Es hat, i moan, sein guatn Grund,
> Und wann i'n net derstich den Hund,
> Den schlechtn, straf mi Gott!
> Hott, meine Öchsl, hott!
> … …

Am Schluss, als sich das Gewitter bereits entlädt, ruft er aus:

Der Dunner kracht, es blitzt und brennt.
Schlag, Herrgott, ein, und mach an End!
Aoh, meine Öchsl, aoh!

Wenn es stark regnet, heißt es: *es schüttet* (*schitt*), *blescht, duscht* – nicht etwa *es gießt*. (*Gießen* (*giassn, gäissn, goissn, guissn*) tut man nur die Blumen im Garten oder auf dem Grab, mit dem *Spritzkrug* oder der *Spreng-, Bleichstützen* (*Bloachstizn*), wie man die 'Gießkanne' früher nannte.) Ein besonders kräftiger *Schütterer* (*Schiidara*), *Blescher(er), Duscher(er)* wird als *Drei-Frack-Reng* bezeichnet, weil er einen durchnässt, selbst wenn man drei Jacken übereinander tragen würde. „Schiffa duad's wia d'Sau, soachnooß bin i" (*schiffen, seichnass*) sagt in Marcus H. Rosenmüllers Film »Wer früher stirbt, ist länger tot« der Bub, als er tropfnass ins Haus rennt. Ein *Hunds-, Sau-, Mist-, Hurenwetter* hat es, wenn es *Schusterbuben regnet* oder ein *Salzburger Schnürlregen* das Land überzieht. Beim *Nàsseln* handelt es sich nur um leichten Sprühregen; das Verb ist von *nass* abgeleitet (*nässeln*) und ist nicht etwa eine Lautform von *nieseln*.

Besonders bedrohlich für das Getreide und andere Feldfrüchte ist, wenn es *schauert*, das meint: 'hagelt'. *Schauer* ist ein altes germanisches Wort, verwandt und annähernd gleichlautend mit engl. *shower* ('Regenschauer; Dusche'). Schon vor über 1200 Jahren, zu Zeiten Karls des Großen, bezeichnete man 'Sturm, Unwetter, Hagel' im damaligen Deutsch als *scûr*. In der heutigen Hochsprache ist *Schauer* definiert als 'Niederschlag von hoher Intensität, aber kurzer Dauer'; *Regen-, Schnee-, Graupelschauer* sind geläufige Begriffe. Das Bairische hat eher die alte Bedeutung bewahrt. Zur Abwendung von Blitzschlag und Hagel entzündet die fromme Bauernfamilie die *Schauerkerze*, eine Wetterkerze, die ganz besonders geweiht ist. Vorsorglich hält der Pfarrer in den Sommermonaten in der Kirche ein *Schaueramt*. Auf den Fluren stehen *Schauerkreuze*, hölzerne Feldkreuze, oft mit drei Querbalken (Caravaca-Kreuz) oder ausgestattet mit den „Waffen Christi" (Geißel, Dornenkrone, Hammer, Nägel, Würfel usw.). Ein besonders schönes „Arma-Christi"-Schauerkreuz steht bei der Ortschaft Baiern in der Marktgemeinde Lappersdorf. Der 1771 errichtete „Steinerne Herrgott" bei Forstmühle (Gemeinde Altenthann) zeigt ebenfalls die Marterwerkzeuge.

33

Die Hagelkörner oder -schlossen (bei uns mit kurzem *o*, also nicht „Schloßen") vergleicht man mit *Rieseln* (feinkörnigem Kies) oder Kieselsteinen. Daher kann man hören: es tut *rieseln* oder *steineln, steindeln*. Verzieht sich das Gewitter, kann es 'wetterleuchten', im Dialekt sagt man *himmlitzen, himmitzen* (*him(l)azn*) oder *den Himmel abkühlen*. In den Mundarten Nieder- und Oberbayerns, wo die *l*-Vokalisierung gilt, fällt *kühlen* lautlich zusammen mit der Aussprache von *kehren*, so dass man dort „etz duad's an Himme o-kian" als 'jetzt kehrt es den Himmel ab' auffasst. Sinn ergibt das ebenfalls: Der Himmel wird quasi blank gefegt und ist anschließend wieder klar.

„Griaß di" und „Pfiat di"

So begrüßt und verabschiedet man sich in Bayern

Wer in Altbayern aufgewachsen ist, dem kommt bei einer Begegnung spontan *Grüß Gott* oder *Griaß God* über die Lippen (nicht *Guten Tag*) oder *Griaß di* (statt *Hallo*). Die entsprechende Verabschiedung ist *Pfia God* oder *Pfiat di God, Pfiat di, Pfiat eich/eng/Eahna* (statt *Tschüss*). Gerne erinnere ich mich an einen Regensburger Tankstellenpächter, der seine Kunden beim Verlassen des Kassenraums verabschiedete mit „Pfiagood-Aufwiederschaun-Servus-Hawedehre-Tschau", alles in einem Atemzug gesprochen; *Tschüss* war in seiner aufwendigen Formel allerdings nicht dabei.

Zuerst eine Bemerkung zum Lautlichen: In beiden Grußformeln geht das *ia* auf den mittelhochdeutschen Zwielaut *üe* zurück (*grüezen, behüeten*), der nicht, wie in der Standardsprache, zu *ü* monophthongiert wurde, sondern nur entrundet zu *ia*. Nichtbaiern kann der Anlaut von *pfia* Schwierigkeiten bereiten. So erzählt eine Sächsin, die Kontakt hält zu einer Familie im Bayerischen Wald, bei der sie wiederholt die Ferien verbracht hat, dass die Oma dort jedes Telefongespräch mit „Führ dich gut" abschließt, und wie nett sie diese mütterliche Ermahnung aus bairischem Munde findet. Ein Missverständnis, denn von *führen* steckt da nichts drin, die Oma hat sich verabschiedet mit „Pfiat di God". Das *pf = bf* ist entstanden durch Assimilation der ungewöhnlichen Lautfolge *bh*, die nach dem Ausfall des *e* entstand: *behüete > bhiat > pfiat*. Bei *pfoltn*, der oberpfälzischen Aussprache von *behalten*, liegt dieselbe Lautangleichung vor; im übrigen Altbayern wurde das Präfix *be-* durch *ge-* ersetzt: *ghoitn*.

Wir sind so sehr daran gewöhnt, dass das Wort *Gott* am Ende des Ausdrucks steht und bemerken gar nicht, dass dies gegen eine Grundregel des deutschen Satzbaus verstößt. In Aussagesätzen muss das finite Verb als 2. Satzglied stehen; es bildet quasi die Drehachse, um die herum die anderen Satzglieder weitgehend frei angeordnet sein können. (Ausländer, auch wenn sie ansonsten das Deutsche gut beherrschen, stolpern häufig über diese

Eigentümlichkeit und sagen: „Nun ich muss arbeiten. Wenn sie kommt, wir können essen".) Bei Varianten wie *Gott grüße euch, Es grüße euch Gott* oder auch *Euch grüße Gott* stimmt die Satzachse, nicht aber bei *Grüß (euch) Gott*, wo an erster Stelle das Verb steht, so als handle es sich um einen Befehl. Es überrascht daher nicht, wenn Witzbolde auf „Grüß Gott" erwidern: „Wenn ich ihn seh." Dabei ist *Grüß Gott* aber kein Befehl, sondern ein Wunsch im Konjunktiv Präsens (Optativ), weshalb es auch unsinnig ist, dahinter ein Rufzeichen zu setzen.

Sowohl die Wortstellung als auch das Wort *grüßen* bedürfen einer Erklärung. Außer in den genannten Grußformeln finden wir die gleiche ungewöhnliche Wortfolge in: *Helf (dir) Gott. Vergelt's (dir) Gott. G(e)segn's (dir) Gott* ('Gesundheit!' (wenn jemand niest), Dankesformel, Antwort darauf). Die Ursprünge kann man bei den irischen Missionaren vermuten, die das Christentum nach Süddeutschland brachten. Es handelt sich wohl um Lehnübersetzungen aus dem Irischen, einer keltischen Sprache, die das Subjekt grundsätzlich hinter das Verb setzt. Tatsächlich kennt das heutige Irisch vergleichbare Redewendungen wie (in wortgetreuer Übersetzung): „Segne dich Gott. Helfe uns Gott. Beschütze euch Gott. Lohne es euch Gott". Der Einwand drängt sich auf, warum *Grüß euch Gott* nicht ganz einfach dem Vorbild der lateinischen Segensformel *Benedicat vos omnipotens Deus* folgt. Dem ist entgegenzuhalten, dass *Grüß Gott* ausschließlich im deutschsprachigen Süden, also im ehemaligen Missionsgebiet der Iren, verbreitet ist, weiter nördlich jedoch nicht, obwohl das Lateinische im Mittelalter dort ebenso wie im Süden die Kirchen- und Gelehrtensprache war. Es ist das Verdienst von Alfred Bammesberger (Eichstätt), auf das 1936 in irischer Sprache und Schrift erschienene Buch »An béal beo« (Der Weg des Lebens) von Tomás Ó Máille hingewiesen zu haben, in dem festgestellt wird, dass Irland und der Süden des deutschen Sprachraums die einzigen Regionen Europas sind, wo zur Begrüßung anstelle des Typs *Guten Tag* die Formel *Grüß Gott* üblich ist, und der Autor vermutet, dass dies eine Frucht der irischen Mission ist. In einer Fußnote steht (übersetzt): „Es könnte sein, dass sie von den irischen Mönchen oder Heiligen, die den christlichen Glauben zu den Bewohnern des Südens von Deutschland brachten, die Formel 'Grüß Gott' erhielten, nämlich von Virgil, Kilian etc." Im irischen

Original (ins lateinische Alphabet transliteriert) heißt es: „D'fheadfadh sé gurb ó na manaigh agus na naoimh Éireannacha a thug creideamh Chríosta do phobuil deisceartacha na Gearmáinne a furaireadar an leagan sin 'grüss Gott', i. ó Fheirgil, Chillian srl.".

Man kann es sich so vorstellen: Ein irischer Wandermissionar hat für das irische Verb *beannaigh*, das sowohl 'grüßen' als auch 'segnen' bedeutet, ahd. *grüezen* verwendet und die im Irischen übliche Wortstellung ins Deutsche übertragen, so dass das finite Verb (hier die Konjunktiv-Präsens-Form) vor und nicht hinter dem Satzgegenstand steht. Mit den genannten oberdeutschen Wunschformeln dürfte tatsächlich ein keltisches Sprachfossil vorliegen. Allerdings ist auch zu bedenken, dass *grüßen* im älteren Deutsch neben seiner geläufigen Grundbedeutung auch die besondere Bedeutung 'freundlich entgegenkommen' hatte; im »Deutschen Wörterbuch« von Jacob und Wilhelm Grimm finden sich zahlreiche Belege dafür. Als Sinngehalt von *Grüß dich Gott* ergibt sich dann 'Gott möge dir freundlich begegnen'.

Zur Verwendung von Grußformeln (einschließlich *Habe-d(ie)-Ehre*) in übertragener Bedeutung siehe in Kapitel 10.

Sackl Zement, a so a Hundling!

Übers Schimpfen und Fluchen

In der Einleitungen zu seinem »Bayerisch-österreichischen Schimpfwörterbuch« schreibt Reinhold Aman: „Wie die Hitze im Kessel Dampf erzeugt, so erzeugt Frustration im Menschen Affekte und Aggressionsgefühle. Wird der Überdruck im Kessel nicht abgelassen, dann kann der Kessel platzen; werden die Affekte nicht abgelassen, wird der Mensch krank." Und weiter: „Jedes Wort, das aggressiv gebraucht wird, ist ein Schimpfwort". Ein an sich unverfängliches Wort kann zur Invektive, also zu einer beleidigenden Äußerung werden, je nach Tonfall, Mimik, Gestik und Kontext. Wird ein kleines, unartiges Kind mit liebevoll mahnendem Unterton als *Bürscherl* angeredet („Obacht, Bürscherl!"), so klingt das kaum bedrohlich. Wenn aber wutentbrannt und mit erhobener Faust einem Lausbuben hinterher gebrüllt wird: „Wart no, Bürscherl, di dawisch i scho!", dann ist Gefahr im Verzug. Anders als beispielsweise *Rindvieh, Arschloch, Dorfdepp* etc. gehört *Bürscherl* nicht zu den „echten" Schimpfwörtern, kann aber aggressiv verwendet werden.

Besonders deutlich wird die Bedeutungsspaltung bei *Hund,* primär die biologische Bezeichnung für das vierbeinige Haustier, aber seit Urzeiten und in vielen Kulturen auch als Schmähwort für Menschen gebraucht: „blöder, feiger, frecher, armer Hund" (vgl. *Hundsfott, Hundesohn, son of a bitch*). Hebt jemand drohend die Faust und schreit: „Schaug, dasst weidakimmst, du Sauhund, du mistiger!", dann ist das zweifellos eine starke verbale Aggression. Eindeutig abqualifizierend sind Adjektive wie *hundsmiserabel, hundshäutern* und abfällige Bezeichnungen wie *Hundsbua, Hundskrüppel.* „Der Hilfslehrer hat ihm gesagt, dass er da zwei Hundsbuben hat, die um keinen Preis der Welt das Maul aufmachen" (Wilhelm Diess in einer Stegreifgeschichte). „So ein Hundling! Der war's, und man müsste sein Gemächt in einen Schraubstock zwicken" (Albert Wimschneider in seinen Lebenserinnerungen). *Hund, Hundling* kann im Bairischen jedoch auch eine respektvoll anerkennende Bezeichnung für einen geschickten, gewandten, schlauen, ja genialen Mensch sein. „Die Richtigstellung der Begriffe, Chengming, das muss ich mir merken", sagt Herr Si-gi (= Siegfried Sommer) in Herbert Rosendorfers Roman »Briefe in die chinesische Vergangenheit« zu Kao-tai, dem Zeitreisenden aus dem alten China, „war schon ein Hund, Ihr Konfuzius!" Es folgt als Erläuterung: „Das ist weit davon entfernt, eine Beleidigung zu sein. In Verbindung mit dem Wort 'schon' besagt 'Hund' in der Sprache von Min-chen: für diesen habe ich die allergrößte Wertschätzung sowie Bewunderung." Im Vorfeld der Kommunalwahlen im Frühjahr 2008 hat man an den Straßen Regensburgs ein Plakat gesehen, das einen der Oberbürgermeisterkandidaten nebst einem Hund zeigte; der Text lautete: „Bloß 'a Hund sei' glangt net". Welch raffinierter Doppelsinn!

Außer *Hund* treten weitere Tiernamen als Schimpfwörter auf. Allgemein verbreitet ist *Aff*, bair. auch *Teigaff* (*Doagaff*). Wenn jemand als *Gimpel, spinnerter Uhu* oder *Hacht* bezeichnet wird, erscheinen Namen von Vögeln in übertragener Verwendung ('Dompfaff, Uhu, Habicht'), auch wenn man eine verschrobene Frau als *Spinatwachtel* abqualifiziert.

Gotteslästerliches Fluchen, so paradox es scheinen mag, ist zu deuten als Phänomen einer religiös geprägten Gesellschaft; denn nur wo Religion als selbstverständliche Basis gilt, können religiöse Begriffe herangezogen werden zum Fluchen, das notwendigerweise eine Tabuverletzung einschließt. Gerade in katholisch geprägten Regionen wie Altbayern flucht man in dieser Art. Im Beichtspiegel steht zum 2. Gebot: „Habe ich heilige Namen oder Worte unehrerbietig ausgesprochen oder als Kraftausdruck gebraucht?". Gemeint ist damit: im Zorn oder in Erregung *Herrgott, Kreuz, Sakrament* u. dgl. missbräuchlich verwendet zum „Fluchen". Im Dialekt nennt man es eher „Schelten". „Beinah gscholtn hätt i", sagt die alte Bäuerin in der Schilderung einer Situation, wo ihr jemand unverschämt gekommen war.

Ein Zimmerer war dafür bekannt, bei jeglicher Art von Missgeschick kräftig zu fluchen: „Herrgottsakramentkruzifixhalleluja!" Doch gleich darauf setzte er in angedeuteter Reue hinzu: „Ehre sei Gott in der Höhe", und fuhr schelmisch grinsend fort: „...und dreimeterfufzge in da Breadn!" ('in der Breite').

Es ist nicht verwunderlich, dass man, um nicht ständig beichten zu müssen, man habe heilige Namen verunehrt, eine ganze Kollektion von Ausweichflüchen erfunden hat: lautliche Verfremdungen, Kürzungen oder unverfängliche Zusammensetzungen. Der Wortanfang von *Herrgott* ist aufgegriffen in Unmutsfloskeln wie *Herrschaft, Herrschaftseitn (-schaftzeitn)* oder *Hermannseitn. Kruzi-* kann verbunden werden mit *-ment, -fuchs, -nali, -naln, -nesn, -türken, -fünferl,* letzteres auch in der gekürzten Form *Zefünferl.* Eine Verlängerung liegt vor mit *Zefixalleluja,* kürzer *Zefixluja,* noch kürzer *Fixluja.* Als flüchtiger Ausruf der Verärgerung oder Enttäuschung genügt oft *Zefix* oder einsilbiges *Fix* allein. Unter dem Spitznamen „Zefix" bekannt war der Großvater eines renommierten bayerischen Journalisten, wie im »Straubinger Kalender« für das Jahr 2009 nachzulesen ist: „So wird er genannt, der Hans, der Zefix, weil er die Unart hat, bei jeder Gelegenheit zu fluchen und zu schelten."

Zur Etymologie von *Kruzitürken* können zweierlei Ansätze gewagt werden. Vordergründig erscheint das Wort aus *Kruzi(fix) + Türken* zusammengesetzt (man denke an die Türkeneinfälle im 16. und 17. Jahrhundert). *Kruzi* könnte allerdings auch auf *Kuruzen, Kuruzzen* zurückgehen, eine Bezeichnung, die zuerst für Teilnehmer an Kreuzzügen üblich war, im 16. Jahrhundert dann für aufständische ungarische Bauern. Wurden mit dem Ausruf *Kruzitürken* sowohl die Kuruzen als auch die Türken verwünscht, die beide die Habsburger-Herrschaft bedrohten? Nur noch ganz vage klingt das vermiedene Wort an in *Krumme Nuckl, Krumme Türken.* Auch *Jessas* (< *Jesus), Jeckerl, Sàckràdi* (aus frz. *sacre dieu* 'heiliger Gott'), *Sàckra, Sàpprament, Sàpperlott, Sàxndi, Hàggod, Hàggodsà* werden nicht als blasphemisch empfunden. Besonders originelle „kastrierte Flüche" sind *Sàckl-Zement, Kreuz-Birnbaum(- und-Hollerstaun /-stauan);* bei *Kreim-Deifl/-Deife"* ist von *Kreuz* kaum etwas übrig (*Kreim < Kreiben,* bair. für 'Kreide').

Andere Tabubereiche, die beim Fluchen verletzt werden, sind bei den Spaniern die Blutsverwandten (*Ta madre!*), in den USA die Sexualität (*Fuck!*) und weit verbreitet die Reinlichkeit (*Scheiße!, Shit!*). Zu den alten Tabuwörtern zählt auch *Blut,* ursprünglich in der Bedeutung 'Körpersaft', dann im religiösen Sinn 'Blut Christi'. Insofern stehen emotionale Wendungen mit *Blut, blutig* solchen mit *Scheiß* einerseits und *Kreuz* andererseits nahe. Keiner aber hat ein schlechtes Gewissen, wenn er *Bluads-arbeit, -hitz, -schinderei, -sauerei, -wetter* und dergleichen sagt und seinem Ärger Luft macht, indem er schreit: „Bluadsaure (bluadsaubere) Màri!, Bluad vo da Katz!" oder

„Bluadige Henagrepf!" (blutige Hühnerkröpfe). Wenn jemand über seine *Bluadsverwandtschaft* schimpft, dann meint er damit nicht in erster Linie alle die mit ihm leiblich Verwandten, vielmehr äußert er sich despektierlich über seine Sippschaft, mit der er Schwierigkeiten hat, wenn sie ungebeten in sein Haus einfällt.

„Bàtta, màh du! – Màhd da Bàtta àà?"

Die *a*-Laute in Altbayern

Die deutsche Hochlautung kennt nur ein einziges mittleres *a*. In Altbayern ist das anders, die Aussprache dieses Vokals hat seine Tücken. Manche behaupten, es gäbe fünf verschiedene *a*-Laute. Streng genommen sind es nur zwei, nämlich das normale „dunkle *a*" und das „überhelle *à*". Während letzteres in der Lautung stabil ist, kann die Aussprache von dunklem *a* unterschiedlich ausfallen, sie reicht von nur leicht verdumpfter Artikulation bis hin zum geschlossenen *o*: *Wasser – Wåsser – Wòsser – Wosser*. Die Ableitungen *Wàsserl, wàssern* aber weisen helles *à* auf (das hier statt schriftsprachlichem *ä* steht). Artikulatorisch kommt das bairische *à* dem englischen [æ] recht nahe; ein Freund aus Amerika behauptet, die bair. Namensform *Kàthl* klinge sehr ähnlich wie engl. *cattle* (Vieh).

Dass dunkles *å* und helles *à* bedeutungsunterscheidende Qualität besitzen, also zwei **Phoneme** sind, lässt sich zeigen an Minimalpaaren wie *schmåtzen – schmàtzen, påssieren – pàssieren, Wåchs – wàx, påck's – Pàx* ('geräuschvoll essen, reden; geschehen, durch ein Sieb drücken; Bienenwachs, spitzkantig; pack es, (lat.) Frieden'). Nur am Öffnungsgrad des *a* liegt es, was mit „Fackl" gemeint ist in der Aufforderung, man solle zum Gartenfest so etwas mitbringen: eine *Fåckel* zur Beleuchtung oder ein *Fàckl* ('Ferkel') zum Verzehr. Auch *fåckeln* bedeutet etwas ganz anderes als das, was die Mutterschweine tun, wenn sie *fàckeln*, also Junge werfen. Nur durch die unterschiedlichen *a*-Laute unterscheidet sich *mia hàmma* von *mia håmma* ('wir sind, wir haben').

An dem Satz *Màhd da Bàtta(r) àà?* ('Mäht der Pater auch?') lassen sich die drei hauptsächlichen Quellen für das helle *à* aufzeigen.

1. Bei *màhn* ('mähen') liegt (Sekundär-) **Umlaut** zu *a* vor, ausgelöst durch ein (jetzt oder früher) folgendes *i* oder *u* wie auch in *dràhn, schwàr, Àrn(t), Àntn* ('drehen, schwer, Ernte, Ente'; historisch *dræjen, swâri, arnido, anut*).

Man erzählt sich, dass ein Pfarrer während des Sonntagsgottesdienstes befürchtete, seine Haushälterin, die andächtig im Kirchenstuhl saß, würde vergessen, die im Bratrohr brutzelnde Ente umzuwenden. Also drehte er sich am Altar um und sang mit ausgebreiteten Armen: „Léni dradántum procénta", worauf die Gemeinde respondierte: „Et cum spíritu túo". Die Leni aber verstand sehr wohl, was der Pfarrherr ihr mitteilen wollte: „Dreh die Ente um. Brat sie ent (auf der anderen Seite) auch!". Bei Substantiven mit Stammvokal *a* tritt im Plural *à* auf (*Fenstalàán, Pfààra* 'Fensterläden, Pfarrer (Plural)'); die Diminutivsuffixe *-l* und *-erl* bewirken ebenfalls Sekundärumlaut, z. B. *Kràcherl* ('Limonade') oder *Gànkerl* ('Teufel; lebhaftes Kind').

2. *Pater*, mundartlich *Bàtta* ausgesprochen, ist ein **Fremdwort**, das aus dem Lateinischen stammt. Viele Wörter, die aus anderen Sprachen übernommen sind, auch wenn wir sie heute nicht mehr als fremd empfinden, werden mit hellem *à* gesprochen: *quàsi, Vàse, Àppàràt, Màschin(e), Kàplàn, Sàkko, Gàràntie, Quàntum*, auch so gängige Vokabeln wie *Plàn, plànen, Pàrk, pàrken, Tànte, Klàsse, Tàsse, Màsse, Ràsse, Wàtte, ràr* und die eingebaierten Bezeichnungen *Gstànzl, Kobràtter, Potschàmperl* (lustiger Vers, Kooperator, Nachttopf). Überraschend ist, dass *Pass* (Ausweis, Bergübergang) wie ein ursprünglich deutsches Wort gesprochen wird, das sehr geläufige Verb *pàssen* jedoch wie ein Fremdwort: „Bàssd scho!" ('in Ordnung'). *Bank, Bagger, Spargel* hört man sowohl mit hellem als auch mit dunklem Vokal, ebenso die Endsilben *-al, -ale* in *egal, normal, radikal, Lokal, Pokal, Vokal, Quartal, Finale, Filiale* usw. Oft wird differenziert zwischen dem Sitzmöbel *Bank* und dem Geldinstitut *Bànk*.

Eine 3. Quelle zeigt sich bei *àà* 'auch'. Die **Zwielaute** *au, äu, eu* (< mhd. *ou, öu, öuw*) erscheinen im Dialekt zu hellem *à* monophthongiert: *Bàm, Dràm, dràmma, ràmma, vosàmma, Stràà, stràän* (Baum/Bäume; Traum, träumen, räumen, versäumen, Streu, streuen). „Da Summa is umma", heißt es in einem Herbstlied, „falln d'Laawa vom Baam" (*die Läuber* = das Laub).

4. Helles *à* tritt ferner auf in **Einzelwörtern** wie *nàà* = 'nein' (nicht etwa *nee* oder *nöö*!), in der regionalen Aussprache *sàà* für das Verb 'sein' („Sàà doud's wos!"), und selbstverständlich in *Ràmàdàmmà*, wie man eine Aufräumaktion

nennt (eigentlich 'räumen tun wir'). *Ràhm* und *Sàhne* werden aus unterschiedlichen Gründen mit hellem *à* gesprochen: *Rahm* leitet sich von *räumen* her, *Sahne* aber ist eine Übernahme aus dem Norddeutschen und damit quasi ein Fremdwort. Immer helles *à* haben *Àchs* 'Achse' und *Gàms* (mundartlich maskulinen Geschlechts: *der Gams*), nach der Rechtschreibreform auch standardsprachlich mit „ä" geschrieben: „die Gämse", früher „Gemse".

Dass man die beiden *a*-Laute nicht gegeneinander austauschen kann, verdeutlichen Beispiele wie *Nàgellàck, Gàsflàsche, Làdenkàsse, Tàxifàhrer, Stààtsexàmen, Stàrtbàhn, Zàhnàrztpràxis, Pàrkplàtz, màssenhàft.* Die deutschen Erbwörter *Nagel, Flasche, Laden* usw. werden mit normalem leicht verdunkeltem *å* gesprochen, die Fremdwörter *Làck, Gàs, Kàsse* usw. hingegen zwangsläufig mit hellem *à*. Diese *å/à*-**Differenzierung** ist ein besonders auffälliges Merkmal des Bairischen in Altbayern; die österreichische Verkehrssprache hellt nämlich sämtliche *a*-Laute auf.

Wer **Mundarttexte** schreibt, hat seine liebe Not mit den *a*-Lauten, weil es keine orthographische Regelung gibt für die Unterscheidung der beiden Phoneme. Oft hilft man sich, indem man Doppel-*a* für das helle *à* setzt, also „staad, gaach, zaach" ('still, jäh, zäh'). Bei langem Vokal ist dies ja akzeptabel. Wie aber soll man es bei Vokalkürze handhaben? Etwa „raass, graantig"? Eine gute Lösung hat Ludwig Merkle in seiner »Bairischen Grammatik« (1. Auflage 1975) gefunden: Er setzt auf das helle *a* einen Gravis-Akzent: „ràss, gràntig". Damit steht der unmarkierte Buchstabe „a" für das Normal-*a* zur Verfügung, dessen Verdumpfung man nicht mehr eigens kennzeichnen braucht (etwa durch „å"), es sei denn, es liegt regelrechtes *o* vor (*Nosn, roon* 'Nase, raten'; die Well-Brüder treten auf als „Biermösl Blosn").

Wohl nicht nur zufällig weisen viele Wörter, bei denen eine Gefühlsregung mitschwingt, das überhelle *à* auf; der Laut wirkt expressiv und eignet sich bestens, um **emotionale Beteiligung** auszudrücken: *dàmisch, dàsig, dàppig, hàntig, nàsch, halbschàrig, gschmàckig, màssig* ('in großer Menge'), *màchtig, sàckrisch, dràmhàppad* (< *traumhäup(t)ert* 'benommen'). Dies gilt auch für abfällige Bezeichnungen wie *Màtz* ('raffinierte Person'), *Sàkràment* als Unmutsäußerung (im kirchlichen Sinne aber: *Såkråment*) und durch

Verfremdung gemilderte Ausrufe wie *Hàggodsà, Sàckrà, Sàckràdi, Sàxndi* (aus 'Herrgott, Sakrament'). Beim Einkauf im Laden verlangt man heute meist *Käs, Leberkäs, (Bismarck-) Hering* in annähernd hochsprachlicher Lautung; bei übertragener Bedeutung jedoch tritt das mundartliche helle *à* auf: *Kàs* 'Unsinn', *(an) Pfiifkàs* ('nichts da!'), *Lungenhàring* ('zäher Auswurf'). Bei *Tschàmsterer, Gschàmster(er)* 'Liebhaber' handelt es sich wohl um eine ursprünglich wienerische Bezeichnung (< *gehorsamster (Diener)*).

Wichtige Verben wie „tun, sein, kommen, gehen, geben" u. a. bilden den **Konjunktiv** II (Irrealis, Möglichkeitsform) mit Umlautung des Stammvokals: *i dàd, du wàrst, er kàm, sie gàb, es gàng*. Bei der Umschreibung spielen die Formen mit *dàd-* (*tät(e)*) anstelle von hochsprachlich „würde") eine unverzichtbare Rolle: „Des dàd da bàssn. Geh dàd's scho. Dàdn Sie uns helfa? Mia dàdn gern zahln" ('Das würde dir passen. Gehen würde es schon. Würden Sie uns helfen? Wir würden gerne bezahlen.')

Hier bleibt *à* unangefochten erhalten, und auch bei *Ràdi* und *Obàtzter*, fest verankerten Größen der bayerischen Wirtshaus- und Biergartenkultur. Anders ist es bei alltäglichen Wörtern wie „schwer, leer, Schere, drehen, wehen, blähen, nähen, mähen, säen, zerren, Gräte", die man immer seltener in bairischer Lautung hört: *schwàr, Schàr, dràhn, wàhn, blàhn, nàhn, màhn, sàn, zàrn, Gràn* – allenfalls in überlieferten volkstümlichen Texten wie „Wei, màh! … Nàà, Mo, màh no du àà!" ('Frau, mähe! Nein, Mann, mähe nur du auch!'; von Hans Jürgen Buchner alias „Haindling" dem Vergessenwerden entrissen) oder wenn Gefühle im Spiel sind: „Mi blàht's. Den hod's dràht".

Der Helligkeitsgrad von *a* in **Personen- und Kosenamen** ist eine regionale Spezialität Altbayerns. Traditionelle Vornamen haben dunkles *a*: *Maria, Katharina, Walburga, Barbara, Alexander, Franz, Max, Hans*, jüngere hingegen eher helles *à*: *Màrion, Kàtrin, Kàrin, Càrinà, Tàmàrà, Sàndrà, Sàschà, Yànik*. Vertrauliche Kurz- oder Koseformen (mit Suffix *-erl, -l* oder *-i*) weisen helles *à* auf: *Màrerl, Kàthl, Kàthi, Wàlly, Bàbsi, Frànzl, Frànzi, Màxl, Màxi, Hànsl, Hànsi*. Man hört auch Namensformen ohne verkleinernde Endung, die dennoch helles *à* haben. Damit klingt emotionaler Bezug an, sei es Vertraulichkeit oder Geringschätzung: *Màri* (1. Silbe betont), *Frànz, Kàth, Hàns, Màx*. Ein Vetter meiner Mutter war bekannt als „der Màx". Als dieser in

Freising zum Oberbürgermeister gewählt wurde, schärfte die Mutter meinem Vater ein, er dürfe ab sofort nur mehr „Måx" zu ihm sagen, er sei ja nun schließlich eine Respektsperson.

Interessant ist die *a*-Lautung in **Ortsnamen**. *Amberg, Schwandorf, Bad Abbach, Walderbach, Altenthann, Cham* haben dunkles *a*. Helles *à* aber findet sich in *Schwabing, Plattling, Lappersdorf, Pfatter* (jeweils begründet in den historischen Formen der Namen). Man möchte meinen, dass Namen ferner Länder und Städte als Fremdwörter durchwegs mit hellem *à* gesprochen werden. Dies trifft zu bei *Àfrikà, Àsien, Kànàdà, Kàssel, Hànnover, Bàsel*. Schwer nachvollziehbar ist die Tatsache, dass im Gegensatz dazu *Amerika, Amsterdam, Paris* dunkles Normal-*a* haben, so als handle es sich um einheimische Wörter. Auch *Alphabet, Algebra, Almanach, Paradies, Kamin, Tram(bahn)* empfindet man nicht als Fremdwörter. **Kurzwörter** haben teils dunkles *a* (z. B. *AG, ADAC*), andere hingegen helles (z. B. *Sanka, Rewag*). **Berufsbezeichnungen** auf *-er* weisen im Bairischen keinen Umlaut auf: *Handler, Kramer, Gartner, Wachter, Haushalterin, Totengraber* (festgeschrieben in Familiennamen wie *Kramer, Gartner, Wachter, Graber*).

Auch bei **Familiennamen** ist die *a*-Differenzierung bemerkenswert. Während z. B. *Hack, Hammer, Barth, Brand, Mann, Mager, Lanz* mit dunklem *a* gesprochen werden, haben *Hackl, Hammerl, Barthl, Brandl, Mandl, Magerl, Lanzl* unweigerlich helles *à*, da sie wegen des *-l* am Ende als Diminutivformen angesehen werden. Namen wie *Nagl, Hagl, Haslbeck, Haslberger, Stadlbauer* hingegen spricht man trotz des *-l* mit dunklem *a* – nach Maßgabe der Appellative *Nagel, Hagel, Hasel, Stadel*. Ohne darüber nachzudenken, trifft der Altbayer die jeweils stimmige Variante des *a*-Lauts.

37

Die Weiber- und die Mannerseite

In der Kirche und drum herum

Stellen wir uns vor, einen Kirchenraum zu betreten. Ein Katholik taucht die Fingerspitzen in den *Weichbrunn-Kessel* und bekreuzigt sich ('weihen, segnen' heißt bair. *weicha*). Wenn jemand etwas unter allen Umständen vermeiden will, sagt man auch heute noch: „Des scheicht a wia da Deifl an Weichbrunn" ('das scheut er wie der Teufel das Weihwasser'). Wir stehen im Eingangsbereich unter dem *Chor*, womit volkssprachlich nicht der Altarraum gemeint ist, sondern die Orgelempore, wo der Kirchenchor singt. Älter ist die Bezeichnung *Por* oder *Porlaube(n)*: „Unter da Predi ham's a da Boaläm am (oben) de hächste Gaudi ghabt".

Der Blick fällt auf den Altar vorn in der Mitte. An der Chorschranke davor ist das *Speisgitter*, so genannt, weil dort *abgespeist* wurde (*abspeisen* 'die Kommunion austeilen'). Die *Kommunionbank*, soweit sie nicht von künstlerischer Bedeutung war, hat man im Vollzug der Liturgiereform in den 1960er und 1970er Jahren entfernt. Die linke der zwei Bankreihen für die Gläubigen ist die *Weiberseite*, auch *Evangelienseite* genannt, weil der Priester auf der linken Seite der Altarmensa stand, wenn er das Evangelium las. Das Gegenstück, die rechte Bankreihe, ist die *Manner-* oder *Epistelseite*. In machen Dorfkirchen ist es auch heute noch üblich, dass die Männer auf der *Mannerseitn* Platz nehmen, die Frauen auf der *Weiberseitn*. Den feierlichen Sonntagsgottesdienst hat man als *Amp um Bredi* ('Amt und Predigt', mhd. *predig*) bezeichnet. Früher stieg der Pfarrer zur Predigt auf die Kanzel, hoch über dem Volk an der Wand oder an einem Pfeiler angebracht. Die Bezeichnung *Predigtstuhl* ist inzwischen außer Gebrauch gekommen. (Der Berg bei Bad Reichenhall, der diesen Namen trägt, wurde mit einer Kanzel verglichen). Manche Männer ersparen sich die Ansprache des Pfarrers, unterhalten sich derweil gemütlich vor der Kirchentür oder rauchen eine Zigarette. Eifrigen Kirchgängerinnen käme derlei nicht in den Sinn. Sehr fromme Frauen, die nach Ansicht der Nachbarn zu häufig in die Kirche gehen, bezeichnet man verächtlich als *Betbritschen* oder *Kirchenrutschen*.

Sowohl Frauen als auch Männern unterstellt man, sie seien *bigottisch* (*bigott* + zusätzliche Adjektivendung *-isch*). „Der Moosbauer, kreuzbrav und bigottisch augenverdrehend in der Kirche, süßmäulig lammfromm vor dem Hochwürdigen Herrn Pfarrer" (Oskar Maria Graf).

Chef einer Pfarrgemeinde ist der *Pfarrherr*. Ihm zur Seite stand ein *Koprater, Kobratter* (< lat. *cooperator* 'Mitarbeiter') oder deren zwei. Wegen des Priestermangels gibt es heute nur in ganz großen Stadtpfarreien noch einen Kaplan oder Vikar. Glücklich schätzen kann sich ein Pfarrer, wenn ihn ein Ruhestandsgeistlicher, ein *Austragspfarrer* oder *Kommorant*, bei seinen Verpflichtungen unterstützt (vgl. Kapitel 31). Nebenstellen einer Pfarrei, sogenannte Exposituren, wurden von einem *Expositus*, kurz *Exposi*, betreut. *Bene* ist die vertrauliche Kurzform von *Benefiziat* 'Inhaber eines Benefiziums'. Im 19. Jahrhundert erlangte der Schlossbenefiziat von Steinach (bei Straubing) große Bekanntheit: Joseph Schlicht mit seinem volkskundlichen Werk »Bayerisch Land und Bayerisch Volk« (1875). Amüsant ist mundartlich *Quatutter* für 'Koadjutor' (Amtsgehilfe eines katholischen Geistlichen, vor allem eines Bischofs).

Vorbei sind die Zeiten, da der katholische Priester ein *Pfarrerplattl*, eine ausrasierte Tonsur, hatte und ein Birett trug, im Volk *Pfarrerkapperl* genannt. Die Früchte des Spindelbaums, die in der Form einem Birett ähneln, nennt man *Pfarrerkapperl*, anderswo *Pfaffenkäppchen, -hütchen*. Wenn ein *Pfarrerlehrbub* ('Theologiestudent, Priesteramtskandidat'), früher auch *Alumnus* (Plural *Alumnen*) genannt (mundartlich *Alanas, Alanassn*), zum Priester geweiht wird, feiert er seine *Priminz* (im Dialekt mit zusätzlichem *n*!). Der Segen eines Neugeweihten gilt als besonders wertvoll; man sagt, um zu einem *Priminzsegen* zu kommen, müsse man sogar in Kauf nehmen, dass man ein Paar Schuhsohlen durchläuft.

Der *Mesner* oder *Mesmer* (siehe dazu in Kapitel 18) an Domen und größeren Kirchen heißt *Gusterer*, eigentlich *Kusterer* (mit Endungsdoppelung aus lat. *custor*, Nebenform zu *custos*, 'Hüter, Wächter'; vgl. *Küster*). Oft führt der Mesner die Kollekte durch, indem er mit dem *Geltgott-Sackl* ('Klingelbeutel') das Opfergeld der Kirchenbesucher einsammelt. Ihm obliegt nach Beendigung des Gottesdienstes auch das Löschen der Altarkerzen mit dem

Löschhörndl, einer konischen Metallhülse an langem Stab. Bevor elektrische Läutwerke installiert wurden, gehörte auch das *Betläuten* zu seinen Aufgaben: das Angelus- oder Ave-Maria-Läuten in der Früh, zu Mittag und am Abend. „Den Betläuter haben wir gefürchtet", liest man in den »Sagen aus der Hallertau« von Emmi Böck, „denn es hat geheißen, wenn man nach dem Betläuten noch draußen ist, dann nimmt er einen mit". Am Karfreitag, wenn die Kirchenglocken angeblich in Rom waren, haben der Mesner und die Ministranten die *Karfreitagsratsche* (*Karfreida-Ràtschn*) betätigt, deren schnarrendes Geräusch man mit dem Geschwätz allzu redseliger Menschen vergleicht, die man *Ratschen* nennt. *Ratschkathl, Quadratratschn* sind die bair. Entsprechungen für *Quasselstrippe*. Das Verb *ratschen* steht für 'schwätzen, plaudern, sich unterhalten'; kaum jemand denkt dabei an den Zusammenhang mit den Lärminstrumenten des Karfreitags. Am 3. Sonntag im Oktober weht vom Turm der *Zachäus* oder *Zacherl*, die Kirchenfahne, benannt nach dem Zöllner Zachäus im Neuen Testament. Am Kirchweihsonntag wird die einschlägige Textstelle aus dem Lukas-Evangelium verlesen (Luk. 19, Vers 1-10).

Der Kirta – die Kirwa

… und ein Blick auf das Speisenangebot zum Fest

Im Herbst gibt's die Kirchweih, in großen Teilen Altbayerns *Kirta, Kiada* genannt. Das ist mundartlich für *Kirchtag* (sogenannte Klammerform aus *Kirch-weih-tag*). Jedenfalls ist das männliche Geschlecht korrekt. Weil das Grundwort *Tag* drinsteckt, heißt es *der Kirta*. Nördlich der Donau sagt man *Kirwa, Kerwa* (*Kiawa, Keawa*), mundartlich für *die Kirchweih(e)*, und dieses Wort ist weiblich. Es nicht verwunderlich, dass beide Bezeichnungen, die sich lautlich nur minimal unterscheiden, vermengt werden. Immer öfter liest man *die Kirta*: „Zur Kirta ladet ein – der Wirt", richtig wäre „Zum Kirta …".

Das ländliche Fest mit Markt, Vergnügungsangebot und Tanzmusik wurde 1868 auf den 3. Sonntag im Oktober festgelegt. Da es unabhängig von örtlich variierenden Kirchweih-Terminen ist, heißt es *Allerwelts-* oder *Weltskirta*. Allgemein verbreitet ist die Meinung, dass es angebracht ist, mehrere Tage lang zu feiern und zu zechen: „A gscheida Kiada / geht bis zum Iada, / und ko se aa schicka / no bis am Micka" – d. h. am Sonntag, Montag, Dienstag und sogar noch in den Mittwoch hinein. Nur von beschränktem Umfang ist dagegen der *Bauernkirta* oder der *kleine Kirta,* der vor oder nach dem *Aller-weltskirta* begangen wird, an jedem Ort, bei verschiedenen Wirten zu einem anderen Termin. „Wenn Allerweltskirchweih gefeiert wird, hat Grafenwinn seinen speziellen Kirtabrauch bereits hinter sich", stand im Oktober 1996 in der MZ. *Kirtanudeln* oder *Küchln* (*Käichln, Kiachln, Kiachen*) gibt's auf jeden Fall, sei es zum *Welts-* oder zum *Bauernkirta*.

Das reichhaltige Angebot an *Fressads und Sauffads* zum Kirta ist willkommener Anlass für einen sprachkritischen Blick in die Speiskarten. Jawohl, *Speis-* oder *Speisenkarte,* nicht *Speisekarte,* handelt es sich doch nicht um eine Karte, die man verspeisen kann (wie das bei *Speise-Eis, Speise-Kartoffeln* der Fall ist), sondern um eine Liste der Speisen. Die übliche Form *Speisekarte* widerstrebt dem Kundigen ebenso wie etwa *Fähreweg* statt *Fährenweg* als Straßenname (nicht *Straße-name*, obgleich es um eine *Fähre, Straße* im Singular geht). Es ist schon ein Kreuz mit den bei Zusammensetzungen eingefügten Lauten, den Fugenelementen (nicht *Fuge-elementen*). Was ist nun richtig: *Schweinsbraten* oder *Schweinebraten*? Nur mit der ersteren Form sind wir Bayern einverstanden. Sie steht in einer Reihe mit *Schweinswürstl, Schweinshaxe*; auch *Kalbs-haxe, -fuß, -vögerl, Rinds-gulasch, -roulade* weisen ein *-s-* auf. Obwohl *Pfannengericht, Pfannenstiel* mit *-en-* gebildet sind, liest man grundsätzlich *Pfannkuchen* (auch im Duden findet sich nur diese Form) statt richtig *Pfannenkuchen*, wie in der Sprechform *Pfannakuacha*. Weitere Diskrepanzen hinsichtlich des Fugenelements sind *Pappendeckel, Ellenbogen* (*Bappadeckl, Ellabong*) gegenüber *Pappdeckel, Ellbogen*.

Das Bemühen, möglichst originell-bairisch zu sein, treibt kuriose Blüten. Man findet zum Beispiel Nachspeisen angeboten unter Überschriften wie „Wos leckeres Süaß' danoch" oder „Leckere Schmanker'l"— Dialekt kombiniert mit dem aus dem Norden importierten Wort *lecker*. Auch *Sülze* stört in einer hiesigen Speiskarte; *Sulz* heißt es hierzuland.

Und etwas anderes sticht ins Auge: Sobald ein Hauch von Bairisch drin ist, wimmelt es von Verkleinerungsformen und Auslassungszeichen, seuchenartig greift die „Apostrophitis" um sich: „Lünger'l, Ripper'l, Würst'l, Stecker'lfisch, Brat'l, Grillpfand'l, Brotzeitbrett'l, Tiroler Gröst'l, Körnd'lbeißer" usw., oder „Von allem a bißer'l" und „Ruß'nmaß" statt *bisserl, Russenmass* (½ l Weißbier, ½ l Zitronenlimonade). Was sollen die Apostrophe, die das Wortbild unnötig zerstückeln? Es liegen doch keine Auslassungen vor, sondern nur die bair. Diminutivsuffixe *-l* und *-erl*, denen im Standard *-(e)lein* entspricht. Eher gerechtfertigt, wenngleich immer noch unschön, ist ein Apostroph, wenn, die Lautung andeutend, eine Kürzung der Endung *-en* vorliegt: „Kalbshax'n, Brotzeit'n, Blunz'n, Brez'n, Gaststub'n, Stu'm" usw. Seit einigen Jahren hat sich gegenüber *Wies'n* die Schreibung *Wiesn* (ohne Apostroph) durchgesetzt als Bezeichnung für das Münchner Oktoberfest. Ein echtes Problem liegt vor bei „O'bazda, O'batzta, Obazda, Obazder, Obatzter". Jeder versucht die substantivierte Partizip-Perfekt-Form zum mundartlichen Verb *o-bàtzn* (*ab-* oder *an-* (?) *bàtzen* 'vermengen, zu einem Brei verarbeiten') auf seine Art zu verschriften (vgl. dazu auch *ozapfa* in Kapitel 40).

Eine Erfahrung ist jedenfalls nicht von der Hand zu weisen: Je ungeschickter die Schreibung auf der Speis(en)karte, desto höher oft die Qualität der Gerichte. Wo „Pressack" oder „Preßack" angeboten wird, kann man sich getrost einen Presssack bestellen. Der Wirt ist gewiss mehr auf die Güte seiner Ware bedacht als darauf, wie man ein Wort schreibt.

Laß mir mein Grüabigen!

Konsonantisches

Auf Urgroßmutters Sofakissen vom Anfang des vorigen Jahrhunderts findet sich, aufgestickt in altdeutscher Kurrentschrift, der Wunsch „Laß mir mein Grüabigen!" Das Adjektiv *grüabig, griawe* ist zwar bekannt in der Bedeutung 'gemütlich, behaglich, geruhsam', doch kaum jemand weiß, wie es zu erklären ist. Es ist abgeleitet von *Ruhe*, mhd. *ruowe*; die Endung *-ig* bewirkt die Umlautung des Zwielauts, so dass *gerüewig* entsteht, daraus lautgesetzlich unser *griawig*. Auch das Schwäbische hat den im Mittelhochdeutschen vorhandenen Hiat-Trenner (*-w-* bzw. *-b-*) bewahrt in *ausgruaba, gruaba* 'ausruhen, rasten', während das *-h-* der Schriftsprache ja unhörbar bleibt. *Geruhig* wäre demnach die Entsprechung für mundartlich *griawig*, eine Form, die Oskar Maria Graf tatsächlich verwendet: „Stets hockte er geruhig da".

Vielfach bewahren die süddeutschen Dialekte Konsonanten, die im Standard fehlen. Bei *schneiben, speiben* ('schneien, speien', mhd. *snîwen, spîwen*) tritt das *b* in den Beugungsformen besonders deutlich in Erscheinung: *es schneibt, hod gschneibt/gschniem, i speib, du speibst, er speibt, mia ham gspiem*. Die Assimilation *ben > bn > bm > m* erfolgt lautgesetzlich. Eine Bühnenanweisung in einer Karl-Valentin-Szene lautet: „Der Meister wirft ihr Sägleim ins Gesicht". Die 8-bändige Ausgabe seiner »Sämtlichen Werke« enthält eine völlig falsche Worterklärung zu *Sägleim*; dies sei, so wird aus Unkenntnis der bair. Lautform erläutert, eine besondere Art von Schreiner-Leim. Valentin meint aber *Säg-Kleiben*, d. h. 'Sägemehl' (*Kleie* 'Mahlrückstände', mhd. *klîwe(n)*). Aus mhd. *grâwes* (Genitiv zu *grâ*) wurde hochsprachlich *grau* und bairisch *gràb*, wobei das historische *w* einmal als Vokal, einmal als Konsonant erscheint (*gràbhorad, gràwln/gràwen, gràwlig* 'grauhaarig, schimmeln, verschimmelt'). Heute außer Gebrauch gekommen ist *blob* 'blau' (< mhd. *blâ, blâwes*), wo eine analoge Entwicklung vorliegt. 'Wäschebleiche' hieß früher *Blewl/Blewe*, und die blau glänzenden Glaskugeln auf Stöcken in Bauerngärten und als Schmuck am Heiligen Grab in den Kirchen am Karfreitag nannte man *Blewl-/Blewekugeln* (*Blebel* 'Bläue')

Wie die genannten weisen zahlreiche weitere Wörter im Dialekt einen Konsonanten auf, der in der Schriftsprache fehlt. Für 'Kamm, kämmen' heißt es *Kàmpe/Kàmpl* und *kàmpen/kàmpln*, worin das *p* ebenso etymologisch begründet ist wie in *Làmperl, làmpln/làmpen* 'Lämmlein, lammen' (vgl. die englischen Schreibungen *comb, lamb*). 'Leihen, weihen, seihen' lauten mundartlich *leicha, weicha, seicha* mit deutlichem -*ch*-. „Konnst ma des Biachl leicha? Da Tee braucht obseicha." Vor der Speisensegnung am Ostersonntag gab ein Dorfpfarrer die Anweisung: „So, Leidl, etz machts engane Dàschln auf, daß d'Weich nei konn!" ('macht eure Taschen auf, dass die Weihe hinein kann'). So ergriffen und gerührt war einer, dass ihm „de häin Zàchal owagruna sàn". *Zàcherl* für 'Träne' gilt als veraltet, ebenso wie das entsprechende schriftdeutsche Wort *Zähre*, das nur noch aus literarischen Texten früherer Jahrhunderte bekannt ist. „Dass die Tropfen meiner Zähren / angenehme Spezerei, / treuer Jesu, dir gebären" ist der Text der Alt-Arie „Buß und Reu" in J. S. Bachs »Matthäuspassion«. Die Formen von 'sehen, geschehen, ziehen, schauen' enthalten im Bair. ein -*g*-, um das Zusammentreffen zweier Vokale (Hiat) zu vermeiden: *seng, gscheng, ziang/zäing/zuing/zoing, schaung* (< *segen, geschegen, ziegen, schaugen). In den Flexionsformen taucht entweder *g* auf (*mia hams gseng, es is gscheng, i schaug, ziag, du schaugst, ziagst, sie hod gschaugt, zong*), alternativ *ch*: *i siegl/segl/siech/siach; i zäich/zuich/zoich*. Ein -*g*- weisen auch die 1. und 3. Person Plural von 'stehen' auf: *mia/sie stengan*. Die 'Höhe' lautet nordbair. *Häing;* auch hier liegt die Lautentwicklung -*chn* (*Höchn*) > *gn* > *ng* vor. Das *h* in 'jäh, zäh, rau(h)' ist nur scheinbar ein Dehnungszeichen; die dialektalen Entsprechungen *gàach, zàach, rauch* liefern den Nachweis für den etymologisch begründeten Konsonanten (vgl. engl. *tough, rough* und das deutsche Wort *Rauchwerk* für 'Pelzwaren'). Auch bei 'Schuh' liegt ein echtes altes *h* vor, was vor allem in der Mehrzahl auftritt (*Schuach/Schouch*) sowie in der (städtisch-kindersprachlichen) Verkleinerungsform *Schucherl*. Die 'Truhe' heißt bair. *Drucha(n)*, die 'Dohle' *Dàchl/Dàche* (mhd. *tæhel*), und weil man diesen Vögeln nachsagt, sie seien diebisch, hat man das Verb *dàchln/dàchen* gebildet mit der Bedeutung 'entwenden, stehlen'.

Während einerseits Konsonanten-Schwächung und -Schwund zu verzeichnen sind, leistet sich die Mundart andererseits eigenwillige Konsonanten-

Häufungen (Cluster), die weit über die Möglichkeiten der Standardsprache hinausgehen. Auf den ersten Blick glaubt man es kaum, dass Konsonantenfolgen wie *btsnzgschl* oder *chtzggschbr* tatsächlich auftreten. Derlei kommt der Nachbarsprache Tschechisch recht nahe, wo es Wörter wie *čvrtek* (Donnerstag) gibt oder zungenbrecherische Sätze ohne einen einzigen Vokal, z. B. „Strč prst skrz krk" (Steck den Finger durch den Hals). „Mit dem Buam kennts do ned in kKirch geh; do habts n z gschlambbad ozong" führt Ludwig Merkle in seiner »Bairischen Grammatik« an, worin der Cluster *btsnzgschl* steht, der allerdings dem Dialektsprecher flüssig über die Lippen geht. Überträgt man '80 gesprenkelte Eier' ins Bairische, so taucht zwangsläufig *chtzggschbr* auf. Bei den Zehner-Zahlwörtern fällt das *i* der Endsilbe weg (*zwanzg, dreißg, vierzg, fuchzg, sechzg, siewazg, achtzg, neinzg*) und die Vorsilbe *ge-* reduziert sich grundsätzlich auf den konsonantischen Rest *g-*: Wie bei *gsuffa, gfuntn, gseng* usw. eben auch bei *gsprenklt*.

Bei Wortstämmen, die mit *b, d, g, p, t, k* oder *z* (= *ts*) beginnen, wird das *g-* (< *ge-*) assimiliert, d. h. in den Verschlusslaut eingeschmolzen, so dass das Präfix zu fehlen scheint, weil man es nicht hört, obgleich es natürlich mitgedacht wird: *bliem, denkt, gem, pfiffa, tanzt, kennt, zuntn* 'geblieben, gedacht, gegeben, gepfiffen, getanzt, gekannt, gezündet'. Die Verben *werden, lassen, kommen* verzichten im Bair. (wie bereits im Alt- und Mittelhochdeutschen) auf den Zusatz *ge-* beim Partizip Perfekt: „Oid (olt) is a woan. De hod n alloa lassn (loun). Hàn s kemma?" (Alt ist er geworden. Sie hat ihn allein gelassen. Sind sie gekommen?). Von jüngeren Sprechern, die von der Schriftsprache geprägt sind und sich dem Dialekt nur teilweise annähern, hört man auch *glassn, gwoan, gwoadn* – ein unnötiges Zugeständnis an den Standard. Manche Wörter weisen ein zusätzliches *ge-* auf. Es heißt „Dees gfreid mi recht. I woaß ned, ob dees glangt. Gspürst wos?" – *gefreuen, gelangen* statt einfach 'freuen, langen (= reichen), spüren', auch *Gschloß, Gschwell, gspinnad, gspàssig, gschlampad, gstingad, gspitzig, gspindig, gstàrrad*, u. a. m. ('Schloss, Schwelle, verrückt, spaßig, schlampig, stinkend, spitz(ig), spindig, erstarrt').

Statt heutigem *zu* gab es im mittelalterlichen Deutsch die Präposition *ze*, die (nach Ausfall des *-e*) in bair. *z* fortlebt. Bei Ortsangaben kann *z* statt 'in' verwendet werden: „Mia oawan zRengschbuag" oder „zStraubing, zMinga".

39

Ein Erdinger Autohaus setzt in die Schriftzeile auf dem Nummernschild-
rahmen von dort gekauften Fahrzeugen: „I bin aa oana vom Weber z'Arding"
– absolut stimmiges Bairisch! Im Gegensatz zur Hochsprache sind im Dialekt mhd. *ze* und *zuo* nicht in dem einen Wörtchen 'zu' zusammengefallen,
der Unterschied zwischen *z* und *zua/zou* blieb erhalten: *zhoaß, zlang, dir
zliab* (zu heiß, lang, dir zulieb); als Vorsilbe in *zreißn, zgriang; zruck, zsamm,
zwider, zfrin* 'zerreißen, zerkriegen; zurück, zusammen, zuwider, zufrieden' –
mhd. jeweils *ze-*). Ganz anders aber: „Geh zua/zou!, Mach dDia zua/zou (…
die Tür zu)!". Kaum glaubt man es, dass ein Doppel-*z* (gesprochen: *tsts*) im
Anlaut ganz selbstverständlich ist. In *zzààch, zZell, zZeitlarn* 'zu zäh, in Zell,
in Zeitlarn' – mit anlautendem Doppel-*z* wahrhaftig eine sehr eigenwillige
Konsonantengruppe!

Dürfen solche lautlichen Schmankerl denn etwa verschwinden, weil sich die
Mundartsprechenden immer stärker an der Schriftsprache orientieren? Es
wäre ein bedauerlicher Verlust für die Eigenständigkeit des Sprachsystems
Bairisch.

40

Dem hat der Hund 's Maß verzogn.

Gewichte, Maße, Mengen

Am 1. Januar 1876 führte das damalige Königreich Bayern das metrische System ein. Alte Längenmaße wie „Zoll, Fuß, Elle, Meile" wurden abgelöst durch Größen, die auf der Einheit „Meter" beruhen. Auch Gramm, Kilogramm sollten frühere nicht-metrische Gewichtseinheiten ersetzen. Trotzdem hat sich bei uns das *Pfund* erhalten, exakt definiert als 0,5 kg. Auf Bauernmärkten findet man, mit Kreide auf eine Tafel geschrieben, gelegentlich noch das schöne alte Pfund-Zeichen, das aus den Buchstaben „lb" (für lat. *libra*) besteht, die durch eine elegante Schlangenlinie miteinander verbunden sind. Beim Metzger kauft man „2 Pfund Schweinernes" oder „¼ Pfund Leberkäs". Kaum mehr verstanden wird allerdings die alte Oma, wenn sie „a Fünftl Leoni" verlangt, also 100 g Lyoner-Wurst. Manche Büchslmadam hat sich früher bloß „a Zehntl Leberwurst" leisten können (50 g).

Im Gegensatz zu Bayern hat sich Österreich gänzlich auf Kilogramm umgestellt. Es gibt die Untergröße *Deka* (kurz für *Dekagramm*, abgekürzt *dag*), und „10 Deka" bezeichnet dasselbe wie bei uns „100 g". Ein *Zentner* (im Dialekt *Zentn*) hat bei uns 50 kg, in Österreich und der Schweiz jedoch 100 kg, wozu wir *Doppelzentner* sagen. Da kann es durchaus zu Missverständnissen kommen, wenn es heißt: „Dem sei Frau wiagt an Zentn". Bei uns ist die Dame eher schmächtig (50 kg), im Nachbarland aber stark übergewichtig (100 kg).

Eine *Mass* Bier ist, wenn korrekt eingeschenkt, ein Quantum von 1 Liter = 1 Kubikdezimeter. Die frühere bayerische Mass, die „Münchner Maßkanne" (eingeführt im Jahre 1811), enthielt, ins metrische System umgerechnet, 1,06903 Liter, also um etwa 7 % mehr – immerhin ein Maulvoll. Als mit der Reichsgründung 1871 die „bayerische Mass" dem „deutschen Liter" weichen musste, ließ diese Mengenreduzierung den Volkszorn aufwallen – ähnlich wie früher die Preiserhöhung von 6 auf 6½ Kreuzer für die Mass die bayerische Bier-Revolution von 1844 auslöste. Ausgeschenkt wurden die Massen in Krügen aus gebranntem Ton, den sogenannten *Keferlohern*, benannt nach dem kleinen Ort Keferloh (*Kefalóu*, Gemeinde Grasbrunn, südöstlich von München), wo jahrhundertelang ein bedeutender Viehmarkt stattfand. Eine Anmerkung zur Orthographie: *Mass* wird mit kurzem Vokal gesprochen und ist daher nach der neuen Rechtschreibung mit Doppel-*ss* zu schreiben. Auf diese Weise setzt sich *die Mass* [Måss] deutlich ab von *das Maß* [Mòòß]; die beiden Wörter haben unterschiedliches grammatisches Geschlecht. Bei *Liter* und *Meter* ist zu beachten, dass es bei uns ausschließlich *der Liter* und *der Meter* heißen kann, während diese Maßeinheiten anderswo auch als Neutra gebraucht werden. Aus dem Dialekt in die Schriftlichkeit aufgestiegen ist *Ozapft is!*, womit signalisiert wird, dass das Bierfass angestochen ist und der Ausschank beginnt. Das anlautende *o-* steht hier eindeutig für *an-* ('angezapft ist') und wird basisdialektal nasaliert gesprochen [õ:], womit sich das Wort deutlich absetzt von *òzapfa* 'abzapfen'.

Grundstücke werden heute nach Hektar und Quadratmetern bemessen. Im Gespräch über die Größe eines landwirtschaftlichen Anwesens ist das bayerische *Tagwerk* noch immer präsent. Viele wissen, dass 1 *Tagwerk* 100 *Dezimal* umfasst. Bei beiden Einheiten handelt es sich um alte nicht-metrische Flächenmaße: 1 Dezimal = 34,07 m², somit: 1 Tagwerk = 0,3407 ha. Ein Hektar ist eine Fläche von etwas weniger als 3 Tagwerk.

Für die Zeiteinteilung gilt nicht das sonst allgegenwärtige Dezimalsystem, sondern das Duodezimalsystem mit dem Grundwert 12 (1 Jahr = 12 Monate, 1 Tag = 2 x 12 Stunden, 1 Stunde = 5 x 12 Minuten, 1 Minute = 5 x 12 Sekunden). Hier ist auch *Dutzend* zu nennen, in der eigentlichen Bedeutung „12", aber oft auch für eine unbestimmte größere Anzahl gebraucht („I hob dir's scho a dutzadmol gsogt"). „1 *Schock* Eier" sind 5 Dutzend, also 60 Stück.

Wo es nicht um exakte Angaben geht, verwendet man vage Mengenangaben. Ein *Zenterling Gselchts* kann recht unterschiedliches Gewicht haben. Es ist ein Stück Fleisch von der Größe, wie es geräuchert wird; man sagt dazu auch *Ranken, Rànkerl*. Weder vom Brotwecken noch von der Wurst schneiden wir uns „eine Scheibe" ab, sondern „ein *Stück*, *a Stückl* Brot" und „*a Radl* Wurscht".

'Gar nichts, keine Spur' kann zum Ausdruck gebracht werden mit *kein Feserl, Flinserl, Fuzerl* (eigentlich: 'kleinste Teilchen, Staubfasern', anderswo *Fussel,*

Fitzchen genannt). „In dieser Wüstenei, allwo kein Fud mehr zu sehen und zu riechen", liest man im Roman »Die Wallfahrer« von Carl Amery. Anstelle von *kein(e) Fud (koa Fud)* könnte auch das männlichen Pendant stehen: *kein Schwanz (koa Schwans)*. Pars pro toto werden *Fud, Schwanz* für 'Mensch' gesetzt. (*Fud, Britschn* sind die bair. Entsprechungen für norddeutsch *Fotze* 'Vulva, Vagina'; siehe dazu in Kapitel 21).

Stimmen die Maße eines Werkstücks hinten und vorn nicht mit dem Plan überein, so muss sich der Handwerker oder Heimwerker sagen lassen: „Do hod dir da Hund 's Mooß vazong", so als habe ihm ein Hund das Maßband oder Metermaß verschleppt (*verziehen* = 'verschleppen, an einen falschen Platz bringen'). „Es fehlt um einen ganzen Bauernschuh" hört man, wenn das vorgesehene Maß eindeutig verfehlt erscheint und eine deutliche Lücke klafft. Vornehmlich in Oberbayern geläufig ist der auf München bezogene Ausdruck „Es fehlt um die ganze Neuhauser Strass" (die Neuhauser Straße verläuft zwischen Marienplatz und Stachus). Eine unzuverlässige Uhr, die oft die falsche Zeit anzeigt, bringt man in Beziehung mit der *Giesinger Heuwaage* (Giesing, Stadtteil von München, ehemals ein Dorf vor den Toren der Stadt). „Den Brodara konnst wegschmeissn, der geht ja nooch da Giasinga Heiwoog". Mit *Prater, Praterer* bezeichnet man sowohl das 'Karussell' (in Anlehnung an den Prater in Wien mit dem berühmten Riesenrad) als auch eine 'Taschen- oder Wanduhr'; beide Objekte haben gemeinsam die runde Form und dass sich etwas dreht.

Für 'sehr wenig' verwendet man neben *a weng, a wengerl, a bissl, a bisserl* auch *a breckl, a breckerl* (*ein Bröcklein*). „Koa Breckl gschàmt hod sa se" (sie hat sich nicht im geringsten geschämt). Eine kleine Entfernung ist ein *Ruckerl* oder *Nuckerl*. Die bodenlose Leistung eines Schülers in der Schulaufgabe kommentierte ein Mathematiklehrer mit den Worten: „Bloß so vui, wia schwarz unterm Fingernagel is, wennst richtig ghabt hättst, hätt i dir no an Fünfer gem." Zwei Teile passen fast genau zusammen, aber um eine Kleinigkeit doch nicht. Da fehlt es *um an rasiadn Lausbeil* (*rasierter Lausbeutel* 'Hoden einer Laus') oder *grod ums Orsch-/Morschlecka* (siehe dazu auch in Kapitel 27). Nach erfolgreicher Reparatur versichert der Handwerker stolz: „So, des hebt etz ewe und no drei Dog" (es hält *ewig und noch 3 Tage*).

Mit seina Krucka
hupft a über d'Bruck.

Andere Stammvokale als in der Hochsprache

„Mit seina Krucka hupft a über d'Bruck." Dieser Satz scheint die Behauptung zu untermauern, die Baiern wären nicht in der Lage, ein „ü" auszusprechen (siehe dazu im Beitrag E·1). Statt *hüpfen* wird *hupfen* gesagt, es heißt *sunst* für *sonst*, *i kunnt* für *ich könnte*. Laien meinen vielleicht, es gäbe ein Lautgesetz, dem zufolge sich hochsprachlich *ü, ö, o* zu bair. *u* entwickelt hat. Eine solche Regelhaftigkeit gibt es allerdings nicht. Vielmehr hat der Dialekt oft historisches *u* erhalten, wo es in der Hochsprache vor *n, m* (nach Maßgabe mitteldeutscher Mundarten) gesenkt wurde zu *o* oder *ö*. So erklärt sich *Sunn, Sunna, Sunda, Drumml/Drumme, Drumpätn, drucka, guna, vaguna* ('Sonne, Sonntag, Trommel, Trompete, trocken, (ver)gönnen'). Mit *sun, Sunday, drum, trumpet* bestätigt die englische Schreibung, dass ursprünglich der Vokal *u* vorlag; unsere Wörter *Gunst, günstig* verraten die Herkunft vom althochdeutschen Verb *gunnan*. Wenn 'trocknen' im Bairischen *drickln/dricken* heißt, so kann das nur auf *trucken* zurückgehen: Das Suffix *-eln* bewirkt Umlautung (*u > ü*), anschließend erfolgt lautgesetzliche Entrundung (*ü > i*). Für 'Sympathie heischen, sich einschmeicheln, Liebkind machen' gibt es das Wort *einfrümmen* (*ei-frimma*, zum Wortstamm *frumm* 'fromm'). „Brauchst di go ned ei-frimma bei mir", bescheidet die reiche Tante den Neffen, der ihr schön tut, „vo mir irbst nix" ('erbst du nichts').

Schauen wir uns folgende Sätze an: „De kinnan ned kemma. I kimm na scho. Mia michadn wieda an Kini" ('Sie können nicht kommen. Ich komme dann schon. Wir möchten wieder einen König'). Leicht erklärt sind die Formen *kinn-, mich-, Kini*, wenn man weiß, dass mhd. *künnen, mügen, künec* zugrunde liegt, woraus im Bairischen *kinna, ming, Kini* geworden ist. Mit *Kini* ist meist der bis heute noch verehrte bayerische König Ludwig II. gemeint, der Erbauer der Schlösser Linderhof, Neuschwanstein und Herrenchiemsee. Die Bezeichnung *Kinihas* für 'Kaninchen' geht auf lat. *cuniculus* zurück, hat also ursprünglich nichts mit *Kini* 'König' zu tun; *König(s)hase* ist eine volksetymologische Umdeutung.

Anders zu erklären ist der Vokalismus bei 'kommen'. Das Verb hieß im Althochdeutschen *queman*; die Beugungsformen waren: *ih quimu, du quimist, er quimit*, im Plural *quemamês, quemet, quement*. Die bair. Formen *i kimm, du kimmst, er kimmt, mia kemman, ihr/ees kemmts, sie kemman(d)* haben den alten Vokalismus bewahrt, während die Standardsprache nur mehr einheitlich *o* kennt. Übrigens haben außer *kemmen* auch andere starke Verben mit Stammvokal *e* im Singular einheitlich *i* und wechseln nicht, wie es im Standard die Regel ist (siehe dazu Beitrag Nr. 42).

Umlautung ist unterblieben vor *ck*, das früher im Süden des deutschen Sprachraums als *ckch* gesprochen wurde (wie in Tirol noch heute); die schwere Konsonanz hat diesen Vorgang offenbar verhindert. So erklärt sich die regionale Variante *Bruck* neben *Brücke*, festgeschrieben in Ortsnamen wie „Bruck in der Oberpfalz, Ochenbruck, Fürstenfeldbruck, Innsbruck, Bruckmühl" einerseits und „Osnabrück, Wiedenbrück, Saarbrücken, Zweibrücken, Brückenau" andererseits. Auch die hochsprachlichen Wortpaare *Büchse, Buchse* und *drücken, drucken* sind hier anzuführen, bei welchen sich eine Bedeutungsdifferenzierung eingestellt hat. Auf Bairisch wird nicht nur die Zeitung, das Buch gedruckt, nächtens *druckt* auch die *Trud* (Alptraum); von einer Verpflichtung kann man sich nicht *drucka*. Weitere Beispiele für die bair. Umlautlosigkeit vor *ck* sind: *Krucke(n), bucken, rucken, zruck, varuckt* ('Krücke, bücken, rücken, zurück, verrückt'). Mit *Rucksack* ist diese bairische Besonderheit in die Schriftsprache eingegangen; eigentlich würde man „Rück-" oder „Rückensack" erwarten als Bezeichnung für einen Sack, der auf dem Rücken getragen wird (bair. *Buckel*). „Ruck ummi!" ist zwar kurz und bündig, allerdings weit weniger höflich als „Könnten Sie bitte ein wenig zur Seite rücken?" Nach einer Hüftoperation muss der Patient „auf Gruggan" gehen, nicht etwa „an Krücken". Als *alte Krucken* beschimpft man eine bösartige Frau.

In gleicher Weise wie *ck* kann *pf* umlauthindernd gewirkt haben, wie sich bei *hupfen, lupfen* statt *hüpfen, lüpfen* zeigt. Bei Festen stellt man für die

Kinder eine *Hupfburg* bereit, wo sie nach Herzenslust hupfen können. Außer 'springen' bedeutet *hupfen* auch 'hinken, humpeln'. Ein gehbehinderter Pfarrer war bekannt als „der hupfad Meier". Seinen Hut lupft der fromme Wandersmann, wenn er an einem Wegkreuz vorbeikommt. 1876 hob der sagenumwobene Steyrer Hans beim „Steinlupfen" mit nur einem Finger einen Felsbrocken von 516 Pfund Gewicht, wie eine Gedenktafel in München vermeldet.

I hob ma denkt, es hod scho glittn.

Von der Schriftsprache abweichende Verb-Grammatik

Nicht um alte und selten werdende Mundartwörter soll es hier gehen, sondern um Besonderheiten der Grammatik, wie sie allen, die das Bairische beherrschen, selbstverständlich sind. Zahlreiche Verben unterscheiden sich in ihrer Formenlehre deutlich von der Schriftsprache.

Bestimmte Verben wechseln in der Hochsprache den Wurzelvokal (*ich gebe, du gibst, er gibt*), während er im Bairischen unverändert bleibt: *i gib, du gibst, er gibt*. In der „Böhmerwald-Hymne" heißt es: „Doch die Erinnerung, die bleibt mir ganz gewiss, / dass ich den Böhmerwald gar nie vergiss", ein Reim, der in der Hochsprache nicht möglich ist. Nach der bair. Grammatik ist *i vergiss* richtig, ebenso: „Heid nimm i mir a Brotzeit mid, de iiß i na unterwegs. Bol (boi) i n driif, kunnt sei, daß i n dastiich" ('nehme, esse, treffe, versteche'). Entsprechendes gilt für 'brechen, treten, werfen, sterben, helfen'

Bei 'lassen, fahren, tragen, fangen, laden, schlafen, schlagen, waschen, backen, stoßen, laufen, saufen' weichen 2. und 3. Person Einzahl von der Standardnorm ab. „Sie lasst eam oafach koan Ruah/Rouh", heißt es, und: „Wo làffst'n hi? Wos drogst'n ollas/oiss umanand? Wann bacht b'Muatta wieder amol an Kuacha? Der Film, fangt der um achte o?" Jemand bemerkt: „Der Sepp, der sauft wia-r a Biaschtnbinta. Des holtst/hoitst ned aus." Und der wütende Vater droht: „Glei fangst oane!" Laut Schulgrammatik müsste es heißen 'sie lässt, du läufst, du trägst, wann bäckt sie, er fängt an, er säuft, du hältst aus, du fängst'.

Eine merkliche Vereinfachung (man kann es auch Sprachökonomie nennen) liegt vor, wenn im Bair. bestimmte Verben aus der Kategorie „unregelmäßig" in diejenige abgewandert sind, die das Partizip Perfekt regelmäßig bilden (wie die schwachen Verben). Auf die 1. Vergangenheit braucht nicht eingegangen zu werden, da sie im echten Dialekt nicht auftritt, wo anstelle von Imperfekt (Präteritum, einfache oder 1. Vergangenheit) das Perfekt (2. Vergangenheit) steht. Das Mittelwort der Vergangenheit von 'fangen, hängen, weisen, scheren' endet auf *-t* (nicht auf *-en*) und weist keinen Ablaut des Vokals auf. „D'Hena sàn eahna auskema, ham ewi braucht, bis's as wieder ei-gfangt ghabt ham. Wer hod o-gfangt?" (*ein-, angefangt*). „Denkt howi ma's scho lang, dassd a gscheada Hund bist" (*gedenkt, gescherter*). 'Denken' ist zwar kein starkes Verb, leistet sich jedoch mit der Form *gedacht* auffällige Unregelmäßigkeiten, die das Bairische vermeidet, indem *gedenkt* (gesprochen: *denkt*) statt *gedacht* gesagt wird. Das Partizip *geschert* ist als Adjektiv nur in dieser Form geläufig, es kann unmöglich 'geschoren' heißen, obwohl es sich vom starken Verb 'scheren, schor, geschoren' herleitet. Früher hatten die leibeigenen Bauern und die einfachen Soldaten geschorene Schädel im Gegensatz zu den adeligen Herren, die langes Haar trugen. Von einem Betrunkenen wird berichtet, dass ihn die Nachbarn wieder einmal „hoam gweist" (*geweist*, nicht *gewiesen*), ihn also sicher nach Hause geleitet haben, und: „Sei Huad/Houd is am Bàm drom ghenkt" (*gehängt*, nicht 'ist gehangen' oder gar 'hing'). In manchen Regionen Altbayerns ist zu 'wissen' das Partizip *gwisst* üblich (statt *g(e)wusst*): „Gwisst häd a's scho, awa gsogt hod a nix."

In der Hochsprache sind *hauen* und *bitten* starke Verben mit Ablaut (*hieb, gehauen; bat, gebeten*). Im Bairischen flektieren sie jedoch nach dem Schema der regelmäßig-schwachen: *ghaut, bitt,* (*gehaut, gebittet*). „Du hast sie gehaut, jawohl gehaut hast du sie!" (Carl Amery, »Das Geheimnis der Krypta«). „An Zahl den Rückenwirbeln der vom Rumänenbinder auf der Tenne in Asch derhauten Kreuzotter gleich" (Werner Fritsch, »Cherubim«). Die Adjektive *verhaut, derhaut* bedeuten 'verfehlt' bzw. 'verkommen, in schäbigem Zustand befindlich'. „Der Bub rasselt von einer verhauten Prüfung in die andere (Robert Hültner, »Die Gotin«). „An ganz an dahaudn Dietschi hod's auf ghabt" (*Ditschi* 'komischer flacher Hut'). „Sie ham uns drum bitt ghabt" ('Sie hatten uns darum gebeten').

Es kann heißen „I hob auf der Bank a Geld obghom" (*abgehoben*), aber ebenso gut: „... obghebt" (*abgehebt*). In der Bedeutung 'halten, von Dauer sein' beugt *heben* ausschließlich schwach: „Gleimt howi's, awa es hod ned ghebt" – in diesem Zusammenhang wäre *ghom* unverständlich.

Nicht strikt getrennt gehalten werden *setzen, sitzen* und *stellen, stehen*. „Sitz di her do zu mir! Na hama-r uns zu eahm hi-gsitzt/-gsessn. Sie hod se hi-gstantn/-gstana zu de andan und hod mid-gschmàtzt" (*sitz dich* = 'setz dich', *hingesitzt* = 'hingesetzt', *hingestanden* = 'hingestellt').

Teils sind es historische Formen, die der Dialekt bewahrt hat, teils sind es Neuerungen. *Winken, hinken, wünschen, zünden, niesen, läuten, streifen, fürchten, scheuchen* (= 'scheuen') können ihr Perfekt-Partizip nach dem Muster ähnlicher starker Verben bilden (mit Ablaut und Suffix *-en*): *winga/winga-ga − gwunga/gwung-ga, hinga/hinkn − ghunga/ghunkn, winschn − gwunschn, zintn − zuntn, niassn/näissn − gnossn, laitn − glittn, stroaffa − gstriffa, ferchtn − gforchtn, scheicha − gschiicha*. „Frau Nani stand am Salonfenster und winkte ihr nach, wie früher die Mutter gewunken hatte" (Lieselotte Denk, »Heimat Los«). „Neamt hod uns 'an guadn' gwunschn" (niemand hat uns 'guten Appetit' gewünscht). „Hod's eppa scho glittn?" fragen die Schüler auf dem Pausenhof. Beim Klassentreffen erinnern sich Ehemalige an einen früheren Mathematiklehrer, vor dem sie Angst hatten: „An Matheser, den hamma vielleicht gschiicha, gell." Ein starkes Partizip zu *schnäuzen* ist nicht ungewöhnlich: „In d'Hent hod a gschnitzn, der Saubär". Eher scherzhaft gebraucht wird *brunga* statt *gebracht* (*brocht, brood*): „Etz host as brunga" ('so ist es wirklich').

Warum heißt es: „Oans, zwo gsuffa!" und nicht „gsoffa"? „'s Rooz is eahm owa-gruna (bair. *das Rotz*, standardsprachlich *der Rotz*). Gspuna hod's scho (nicht *gsponna*). Habts na wenigstns gwuna/gwunga? (nicht *gwonna*)". Warum steht im Partizip ein *-u-*? Das ist einfach zu erklären: *rinnen, spinnen, gewinnen, schwimmen* verhalten sich wie andere dieser Ablautklasse, z. B. *singen, sang, gesungen*). Ein Sonderfall ist *brennen*. Heute hört man meist: „Bein Nachban hod's brennt" (*gebrennt*); ältere Leute aber sagen: „… hod's bruna" (*gebrunnen*). Die erste Form gehört zum schwachen Verb *brennen*, was ursprünglich nur 'in Brand setzen' bedeutete, die zweite zum starken Verb *brinnen* mit dem Perfekt-Partizip *gebrunnen* (*bruna*). Die Adjektive *brinnrot, brinneifrig* ('leuchtend rot, übereifrig') leiten sich ebenfalls davon her. Hochsprachlich *Brunst, Brunft* verweisen auf das ablautende Verb *brinnen − brann − gebrunnen*.

Brennen steht in einer Reihe mit *kennen, nennen, senden, wenden,* alles Verben, die im Bairischen auf den Vokalwechsel verzichten (auf den soge-nannten „Rückumlaut": *kennen, kannte, gekannt* usw.). „Und dann kimmt der Prinzregent / Habts'n kennt, habts'n kennt? / Hat a Kerzn in der Hent, / die glei gar net brennt", lautet eine Strophe des Lieds über die Münchner Fronleichnamsprozession. In einem Gedicht von Ludwig Thoma stehen die Zeilen: „Wie alle höh'ren Töchter / Hat sie nicht der Geschlechter / Verschie-denheit gekennt." Und wir sagen: „Host'n du kennt? I hob mi brennt."

Wer dialektbewusst ist, den stören unnötige Anpassungen an die Norm, wie sie bei jüngeren Leuten immer häufiger zu beobachten sind: „Habts ihr den kannt? Dees hob i mir dacht. Wer hod'n o-gfanga?"

Ein Helles, ein Dunkles, ein Weißes

Rund ums Bier und den Bräu

Der Duden kennt nur die Ausdrücke *Brauer, Brauerei* – nicht aber, wie in Altbayern üblich, den *Bräu*, das ist der Besitzer der Braustätte, der Brauherr. Überall, wo ein Bräu wirkte, gehörte dieser Mensch zu den angesehensten Honoratioren des Ortes. Es gab die sogenannten „Bierbarone", denen der Adel ihren Wohlstand neidete; nicht zuletzt auch nahmen die Hochwohlgeborenen Anstoß an der protzigen Kleidung der Bräuherren, durch die sich diese äußerlich nicht von den adeligen Herrschaften unterschieden.

Zum Essen und Trinken geht der Bayer „zum Bräu" – etwa zum Auerbräu – nicht etwa „ins Bräu". Und man sitzt dann gemütlich „beim Bräu", nicht „im Bräu". Es geht um „den Bräu", nicht um die Bier-Produktionsstätte, die Brauerei. Mit *Bräu* gebildet sind auch Komposita wie *Bräubursch, Bräumeister, Bräuwirt* usw. – und auch *Bräuross*. Von einer Frau mit einem beachtenswerten Hinterteil sagt man: „An Orsch hod's her wia-r-a Brairooß", und nicht etwa „wie ein Brauereipferd".

Noch in den ersten Jahrzehnten des vorigen Jahrhunderts, bis über den Ersten Weltkrieg hinaus, war Braunbier das normale Schankbier, unser heutiges *Dunkles*. Die bürgerlichen Bräuer stellten nur dieses her. Den herrschaftlichen Bräuhäusern war es vorbehalten, Spezialbiere zu brauen, wie etwa *das Weiße* oder *Weizenbier*. Der Münchner Löwenbräu stellte als erster von 1855 an auch helles Bier her, womit *das Helle* seinen Siegeszug begann. Es war stärker gehopft und wurde filtriert, weshalb es länger haltbar war und auch transportiert werden konnte, ohne dass man um die Qualität fürchten musste – daher die Bezeichnungen „Lager" oder „Export".

Bevor es solches lagerfähige Bier gab, ließ man jeweils die Reste wegtrinken, bevor man neues braute. So erklären sich die Bezeichnungen *Altes Bier* oder *Bierletz* – heute nur mehr willkommener Anlass, sich beim Wirt oder beim Bräu zu versammeln, ähnlich wie beim Bauern- oder Allerwelts-Kirta.

Ein stärker eingebrautes untergäriges „Sommerbier" nannte man *Märzen*, weil es ursprünglich nur im Fastenmonat März gebraut werden durfte. Als beim Münchner Oktoberfest 1872 ein Versorgungsengpass eintrat, schenkte man kurzerhand das zur Reifung lagernde Märzen aus, während es vorher nur das übliche Dunkle gab. Heute trinkt man auf dem Oktoberfest Exportbier.

Die Vorläufer unseres *Weißbiers* lassen sich bis ins 14. Jahrhundert zurückverfolgen. Damals trug es den Namen *Greising (Greusing)*. Nachweislich haben Mönche bereits 1313 leichtes Weizenbier ohne Hopfen hergestellt. Bald wurde das Weißbier jedoch herzogliches Monopol. Das Besondere am Weiß- oder Weizenbier ist, dass zur Herstellung etwa 60 % Weizenmalz verwendet wird (womit es eigentlich gegen das bayerische Reinheitsgebot verstößt, das neben Wasser und Hopfen ausdrücklich Gerste festschreibt). Wegen des hohen Anteils an Weizenmalz ist also die Bezeichnung *Weizen* klar. Wie aber kommt es zum Farbadjektiv *weiß*? Wahrscheinlich geht dies auf den weißen Schaum zurück, früher auch mit schwimmender Hefe darauf. Dieser weiße Schaum unterschied sich sehr deutlich von dem bräunlichen des dunklen Biers.

Das grammatische Geschlecht des Weizenbiers verdient unter die Lupe genommen zu werden. Wenn es *ein Dunkles* heißt und *ein Helles* (Neutrum wie *das Bier*), dann muss es auch *ein Weißes* heißen: *das Weiße*, nicht aber *die Weiße*. Das Hofbräuhaus Freising und die Schlossbrauerei Au in der Hallertau vermarkten ihr Weizenbier als „Huber Weißes", „Holledauer Weißes", beugen sich damit nicht der Geschlechtsverwirrung, die durch *die Berliner Weiße* ausgelöst wurde. (Bei der „Berliner Weißen" handelt es sich nicht um Bier im eigentlichen Sinne. Würde man das Getränk sonst mit Fruchtsirup panschen?). Unter *einer Weißen* (Femininum) versteht man eine 'Weißwurst', ein 'Weizenbier' aber ist *ein Weißes* (Neutrum). Darum missfallen sprachbewussten Bayern Werbeslogans wie „XYer Weiße – die schmeckt!" Korrekt wäre „XYer Weißes – das schmeckt!", mundartlich: „A XYer Weiß – dees schmeckt").

Das *Bockbier*, was hat es mit dem Geißbock zu tun? Gar nichts. Der Name dieser Biersorte mit hoher Stammwürze leitet sich her von der niedersächsischen Stadt Einbeck. Die bayerischen Herzöge bezogen im 16. Jahrhundert von dorther Bier in großen Mengen. Offenbar schmeckte ihnen das Bier von den „Preußen" besser als das einheimische. Um die Transportkosten zu vermeiden, berief Herzog Wilhelm IV. einen Braumeister aus Einbeck nach München. Was er braute, war dann *Ainpöckisch Bier*. Im Volksmund wurde daraus *ein böckisch Bier*, schließlich *Aimbock*, und nach Abtrennung der vermeintlichen Artikelform: *Bock*. Obwohl das Wort mit dem Geißbock nichts zu tun hat, trägt diese Biersorte als einzige eine männliche Bezeichnung: *der Bock*.

Den Paulaner-Mönchen aus Amberg ist die Münchner Starkbiertradition zu verdanken, die „fünfte Jahreszeit" auf dem Nockherberg. Anfang des 17. Jahrhunderts waren die Mönche aus der Oberpfalz nach München geholt worden als Seelsorger für die damals vor den Mauern der Stadt liegenden armen Dörfer Au, Haidhausen und Giesing. Im ehemaligen Kloster Neudeck errichteten sie ein Sudhaus. Mit kurfürstlichem Erlass vom 31. Mai 1751 wurde der öffentliche Bierausschank für den 2. April, den Namenstag des Ordensgründers Franz von Paula, genehmigt. Bald wurde es zum Brauch, das Fastenbier auch außerhalb des Klosters auszuschenken. Dieser Fastentrunk erwarb sich besonderen Ruf unter dem Braumeister Bruder Barnabas Still. Auf diesen leutseligen und originellen Frater aus Amberg geht angeblich auch der Name *Salvator* zurück. Bei Überreichung des ersten Starkbier-Humpens an den Kurfürsten soll er gerufen haben: „Salve, pater patriae!" (Sei gegrüßt, Landesvater!), woraus *Salvator* wurde und dem Starkbier der Münchner Paulaner-Thomas-Brauerei seinen Namen gab. Der Wortausgang *-ator* hat sich verselbständigt und findet sich in den Namen von Starkbieren anderer Brauereien: „Triumphator, Palmator, Eichator" usw.

Relativ jung ist das *Pils*, gekürzt aus *Pilsener*, nach der böhmischen Bierstadt Pilsen, wo ein niederbayerischer Braumeister aus Vilshofen 1842 diese Biersorte kreierte, die vor allem bei den „Preußen" äußerst beliebt wurde und sich von dort aus auch bei uns verbreitete.

Immer wieder hat die Braukunst neue Biere hervorgebracht. Wir schätzen auch das *dunkle Weizen* – „dunkles Weißbier", eigentlich ein Widerspruch in sich – und den *Weizenbock*. Auch erleben alte und fast vergessene Sorten eine Renaissance, es gibt ein Auf und Ab von Modewellen, auch beim Bier. Wiederentdeckt wurde das obergärige *Roggenbier*, das bereits im Mittelalter gebraut worden war. Ähnliches gilt für das *Keller-, Zoigl-, Zwickelbier* – hefetrübes unfiltriertes junges Bier. Der Name *Zoigl-Bier* verweist auf den *Zoigl*, den 'Zeiger', das Zeichen, meist einen Stern mit 6 Zacken, den der Bräu am Haus aussteckte, wenn er einen frischen Sud zu bieten hatte. Und *Zwickel* ist die Bezeichnung für den keilförmigen Holzzapfen, den man früher ins Spundloch des Fasses stieß, um eine Probe des Suds entnehmen zu können.

In Hamburg sagt man zu dem Mischgetränk, das zur Hälfte aus hellem Bier und Zitronenlimonade besteht, *Alsterwasser*, in Berlin *Potsdamer*, bei uns heißt es *Radlermass, Radlerhalbe* oder kurz *Radler*. Angeblich wurde dieser Durstlöscher 1922 erfunden von Franz Xaver Kugler, dem Wirt einer Ausflugsgaststätte südlich von München, der die menschenfreundliche Idee hatte, für die in großen Scharen bei ihm einkehrenden Radler das Bier mit Springerl oder Kracherl zu verdünnen, damit sie ihre Fahrt ohne Schlangenlinien fortsetzen konnten. Kugler war allerdings nachweislich nicht der Erste, der Radlermassen ausschenkte. In den 1912 veröffentlichten »Erinnerungen einer Überflüssigen« berichtet Lena Christ über die Zeit um 1900, als sie Köchin in der Floriansmühle in München-Freimann war: „Da wurde nicht nur Bier ausgeschenkt, sondern auch alle möglichen Limonaden, Sauerbrunnen, Schorlemorle, Radlermassen und auch gar manche Flasche Wein."

In den Revolutionswirren nach dem Ersten Weltkrieg besetzten 1919 die revolutionären Arbeiter- und Soldatenräte auch die Münchner Weißbierbrauerei Mathäser am Stachus und machten sie zu ihrem Hauptquartier. Damit die zur Verteidigung des Hauses aufgestellten Wachen nicht vom vielen Weißbier einschliefen, wurde ihnen dieses mit Zitronenlimo gestreckt. Wegen ihrer kommunistischen Gesinnung bezeichnete man die Rotarmisten als „Russen", und ihr Getränk hieß danach *Russenmass* oder kurz *Russ*.

Zur Schreibung des Dialekts

Es wurde versucht, die Dialekt-Lautung mit den Buchstaben des Alphabets darzustellen. Wo es notwendig ist, die besondere Qualität eines Vokals zu verdeutlichen, geschieht dies mit Hilfe folgender Zeichen:

å = **a**   dunkler, sich dem *o* nähernder a-Laut

à   überheller *a*-Laut (bairische Kennlautung)

Auf diese Weise kann z. B. unterschieden werden zwischen *gråwln* = *grawln* und *gràwln* ('krabbeln, schimmlig riechen'). In Kapitel 36 findet sich Ausführlicheres zu den *a*-Lauten.

ò   offener, sich dem å nähernder o-Laut

äi, ou   Zwielaute (etwa wie in englisch *made, road*). Verzichtet wird auf die Kennzeichnung des unterschiedlichen Öffnungsgrads: *wäi, dou* steht sowohl für die nordbairische Lautung von 'wie, tun' als auch von 'weh, da'.

-e   In unbetonter Stellung am Ende einer Silbe oder eines Worts darf das -e auf keinen Fall wie das Schwa-e der Hochsprache (mit tendenzieller Rundung als reduziertes *ö*) gesprochen werden, sondern zwischen *e* und *i* (*Leffe, Himme* 'Löffel, Himmel' (mit mittelbairischer Vokalisierung des *-l*), *freintle, -li, wene, weni* 'freundlich, wenig', *Kine, Kini* 'König').

Nur selten finden sich Lautschriftzeichen, sie stehen dann zwischen eckigen Klammern, z. B. [õ] = nasaliertes *o*, [iː] = langes *i*, [š] = *sch*. Wo für *sp, st* auch im Standarddeutschen die Aussprache [šp, št] gilt, kann auf das Sonderzeichen verzichtet werden.

Abkürzungen und Sonderzeichen

ahd.	althochdeutsch (frühes Mittelalter)
bair.	bairisch
engl.	englisch
frz.	französisch
grch.	(alt-) griechisch
it.	italienisch
lat.	lateinisch
mhd.	mittelhochdeutsch (hohes Mittelalter)

kursiv	Objektsprachliches, d. h. die Wörter, um die es geht, stehen in *Kursivschrift*.
„…"	Zwischen normalen Anführungszeichen stehen Zitate, Belegstellen.
'…'	Damit werden Bedeutungsangaben vom Text abgesetzt.
»…«	Titel von Büchern u. Ä. stehen zwischen solchen Anführungszeichen.
>	entwickelt sich zu: wird zur folgenden Wortform oder Lautung
<	kommt aus der folgenden Wortform oder Lautung

Verwendete Literatur

AMAN, Reinhold: *Bayrisch-österreichisches Schimpfwörterbuch*. München o. J. (1973), mehrere Nachdrucke, zuletzt München 2005

AMMON, Ulrich u. a.: *Variantenwörterbuch des Deutschen*. Berlin / New York 2004

BÄNSCH, Dieter (Hrsg.): *Die fünfziger Jahre. Beiträge zu Politik und Kultur*. Tübingen 1985

Bayerisches Wörterbuch, hrsg. von der Kommission für Mundartforschung bei der Bayerischen Akademie der Wissenschaften. München 1995 ff. (in Lieferungen)

BRAUN, Hermann: *Großes Wörterbuch der Mundarten des Sechsämter-, Stift- und Egerlandes*. Marktredwitz 1981 ff. (in Lieferungen)

DUDEN. *Die deutsche Rechtschreibung*. 24. Aufl. Mannheim / Leipzig / Wien / Zürich 2006

DUDEN. *Das große Wörterbuch der deutschen Sprache in 10 Bänden*. 3. Aufl. Mannheim / Leipzig / Wien / Zürich 1999

EBNER, Jakob: *Wie sagt man in Österreich? Wörterbuch des österreichischen Deutsch*. 3. Aufl. Mannheim / Leipzig / Wien / Zürich 1998

FUNK, Edith / Werner KÖNIG / Manfred RENN (Hrsg.): *Bausteine zur Sprachgeschichte*. Heidelberg 2000

Goggolori. Aus der Werkstatt des Bayerischen Wörterbuchs. Heft 1 ff., München 1997 ff.

HÖFER, Johann: *Bairisch gredt*. Bad Feilnbach 1995

HÖFER, Johann: *Bairisch gredt II*, hrsg. v. Armin HÖFER. München / Bad Feilnbach 2001

HUBER, Gerald: *Lecker derbleckt. Eine kleine bairische Wortkunde*. Frankfurt/M. 2008

KILGERT, Nadine: *Glossarium Ratisbonense. Zum Wortschatz gebürtiger RegensburgerInnen zu Beginn des 21. Jahrhunderts*. Regensburg 2008

KILGERT, Nadine: *Regensburger Bairisch* (in Vorbereitung)

KLEPSCH, Alfred: *Jiddisch in Mittelfranken*. In: Stephan GAISBAUER, Hermann SCHEURINGER (Hrsg.): *Linzerschnitten*. Linz 2004, S. 75 – 88

KLOTZSCHE, Sabine: *Sacklzement! Bairische Flüche, Schimpfwörter und Kraftausdrücke*. (2005, ungedruckt)

KLUGE, Friedrich: *Etymologisches Wörterbuch der deutschen Sprache*. 23. Aufl., bearb. v. Elmar SEEBOLD. Berlin/New York 1999

KOLLMER, Michael: *Die schöne Waldlersprach von Wegscheid bis Waldmünchen, von Passau bis Regensburg*. 3 Bände (Eigenverlag) Prackenbach 1987, 1988, 1989

KÖNIG, Werner: *dtv-Atlas zur deutschen Sprache*. 10. Aufl. München 1994

KÖNIG, Werner / Manfred RENN: *Kleiner Sprachatlas von Bayerisch-Schwaben*. Augsburg 2007

MUGGENTHALER, Christian: *Bassd scho. Willkommen in der Mundart: Von den Vorteilen, den bairischen Dialekt zu beherrschen*. In: Straubinger Tagblatt / Landshuter Zeitung vom 10. Mai 2008 (Magazin zum Wochenende)

NEUMAIER, Rudolf: *Der Radler-Schwindel. Franz Xaver Kugler ist der falsche Vater der Radlermaß*. In: münchen erleben 2/2007

Österreichisches Wörterbuch (Schulausgabe), 40. Aufl. Wien 2006

PAUL, Hermann: *Deutsches Wörterbuch.* 9. Aufl. Tübingen 1992
PFEIFER, Wolfgang: *Etymologisches Wörterbuch des Deutschen.* 2 Bände, 2. Aufl. Berlin 1993
PRÖLS, Ilsebill: *Á lârer Sog stejd niad.* Sonderdruck aus „Heimat Nabburg",
    2. Aufl. Nabburg 2006
REICHL, Dietmar: *Bier. Geschichte und Geschichten.*
    (Kulturhistorischer Verein Feldmoching auf dem Gfild e.V.) München 2006
RENN, Manfred / Werner KÖNIG: *Kleiner Bayerischer Sprachatlas.* München 2006
SCHLICHT, Joseph: *Bayerisch Land und Bayerisch Volk.*
    1. Aufl. 1875; Nachdruck Straubing 1927; Neudruck Grafenau 2004
SCHMELLER, Johann Andreas: *Bayerisches Wörterbuch.* 2., mit des Verfassers Nachträgen
    vermehrte Auflage, hrsg. v. G. Karl FROMMANN, 2 Bände, München 1872, 1877
    (davon wiederholt Nachdrucke im 20. Jahrhundert)
SCHNELZER, Klaus Otto: *Konjunktiv kontrastiv. Zur Morphologie bairischer und isländischer*
    Verben. Regensburg 2008
SEDLACZEK, Robert: *Das österreichische Deutsch. Wie wir uns von unserem großen Nachbarn*
    unterscheiden. Ein illustriertes Handbuch. Wien 2004
SPEMANN, Erik: *Tschüssler-Deutsch im Sprachbiotop.*
    In: Münchner Merkur vom 8./9. Juli 2000
STEININGER, Reinhold: *Beiträge zu einer Grammatik des Bairischen.* Stuttgart 1994
Straubinger Kalender 2009 (413. Jahrgang). Straubing 2008
WAHRIG. *Die deutsche Rechtschreibung.* Gütersloh / München 2005
ZEHETNER, Ludwig: *Bairisch. Dialekt/Hochsprache – kontrastiv.* Düsseldorf 1977
ZEHETNER, Ludwig: *Das bairische Dialektbuch.* München 1985
ZEHETNER, Ludwig: *Bairisches Deutsch. Lexikon der deutschen Sprache in Altbayern.*
    1. Aufl. München 1997; 2. Aufl. ebd. 1998; 3. Aufl. Regensburg 2005

Datum der Veröffentlichung der Beiträge in der »Mittelbayerischen Zeitung«
(oft unter einer anderen Überschrift als hier):

2007	**1** – 06.12.	**2** – 14.12.	**3** – 20.12.	**4** – 24.12.
2008	**5** – 08.01.	**6** – 18.01.	**7** – 30.01.	
	8 – 07.02.	**9** – 15.02.	**10** – 22.02.	**11** – 29.02.
	12 – 07.03.	**13** – 14.03.	**14** – 20.03.	**15** – 29.03.
	16 – 04.04.	**17** – 11.04.	**18** – 18.04.	**19** – 25.04.
	20 – 03.05.	**21** – 09.05.	**22** – 17.05.	**23** – 21.05.	**24** – 30.05.
	25 – 06.06.	**26** – 13.06.	**27** – 19.06.	**28** – 26.06.
	29 – 04.07.	**30** – 15.06.	**31** – 25.06.	
	32 – 01.08.	**33** – 08.08.	**34** – 14.08.	**35** – 22.08.	**36** – 29.08.
	37 – 05.09.	**E1** – 12.09.	**38** – 19.09.	**E2** – 27.09.
	39 – 03.10.	**40** – 10.10.	**41** – 17.10.	**42, 43** erschienen nach
				Abschluss der Buchfassung

Register

zu Wörtern (normale Schrift), Sachangaben (*kursiv*) und Autoren (VERSALIEN).
Die Ziffern beziehen sich auf die Kapitel-Nummern (nicht auf die Buchseiten).

E

H

L

M

N

O

Zum Verfasser

Ludwig Zehetner, geboren 1939 in Freising/Oberbayern; Abitur am dortigen Dom-Gymnasium; Studium an der Ludwig-Maximilian-Universität München und an der University of Southampton (England), nach dem Staatsexamen 1963 Mitarbeiter der Kommission für Mundartforschung bei der Bayerischen Akademie der Wissenschaften in München (Bayerisches Wörterbuch), dann Referendariat in München, Regensburg und Lauingen; 1967/68 Dozent für Deutsch als Fremdsprache in den USA (University of Kansas, Lawrence; General Staff and Command College in Leavenworth, Kansas); 1968 – 2002 Gymnasiallehrer für die Fächer Deutsch und Englisch am Musikgymnasium der Regensburger Domspatzen, ab 1988 als Studiendirektor und Stellvertreter des Schulleiters; 1977 Promotion zum Dr. phil. (Universität Regensburg); ab 1979 Lehrbeauftragter für Dialektologie des Bairischen an der Universität Regensburg, seit 1999 Honorarprofessor für diesen Fachbereich.

Mit Rupert Hochholzer Gründer und Mitherausgeber der wissenschaftlichen Buchreihe *Regensburger Dialektforum* (seit 2002); über 200 Beiträge in Sammelbänden, in wissenschaftlichen und volkstümlichen Zeitschriften und in Tageszeitungen (Themenbereiche: Grammatik und Wortschatz des Bairischen, Dialekt und Schule, deutsche Gegenwartssprache, Namenkunde, Volkskunde); über 100 Vorträge, Fortbildungsseminare etc. in ganz Bayern, an Universitäten in Deutschland, Österreich und Slowenien; 2001, 2003, 2008 Dozent bei der Sommerakademie für bairisches Volksschauspiel.

Bücher:

Bairisch: Dialekt/Hochsprache – kontrastiv. Düsseldorf 1977; *Die Mundart der Hallertau.* Marburg/Lahn 1978; *Das bairische Dialektbuch.* München 1985; *Bairisches Deutsch. Lexikon der deutschen Sprache in Altbayern.* München 1997; 2. Auflage München 1998; 3., überarbeitete und erweiterte Auflage Regensburg 2005 (edition vulpes)